Series in A...

王仁湘　主编

ART OF ROOF

屋檐艺术
——中国古代瓦当
Ancient Chinese Eaves Tile

陈根远　朱思红　著

文物出版社

图书在版编目（ＣＩＰ）数据

　　屋檐艺术 ：中国古代瓦当 / 陈根远，朱思红著. ——
北京 ：文物出版社，2021.12
（考古与文明丛书 / 王仁湘主编）
　　ISBN 978-7-5010-7290-3

　　Ⅰ．①屋… Ⅱ．①陈… ②朱… Ⅲ．①瓦当(考古)－
研究－中国－古代 Ⅳ．①K876.34

　　中国版本图书馆CIP数据核字(2021)第229086号

屋檐艺术
——中国古代瓦当

著　　者：陈根远　朱思红

丛书主编：王仁湘

责任编辑：马晓雪

责任印制：王　芳

出版发行：文物出版社

社　　址：北京市东城区东直门内北小街2号楼

邮　　编：100007

网　　址：http://www.wenwu.com

经　　销：新华书店

制版印刷：天津图文方嘉印刷有限公司

开　　本：710mm×1000mm　1/16

印　　张：12.25

版　　次：2021年12月第1版

印　　次：2021年12月第1次印刷

书　　号：ISBN 978-7-5010-7290-3

定　　价：58.00元

徜徉在文明的长河

　　文明，如同是一条长河，涓滴汇溪，宽缓窄急，回旋蜿蜒，奔流不息，时有波平又浪起，时见雾涌又云蒸，景象万千。

　　文明之河悠长，如今站在长河的何处，我们其实知道也不知道。我们并不知晓河源有多远，也不知晓河流有多长，所以也不能完全明白自己的坐标在哪里。我们只是看到前后不远处的气象，更远处的景致，通常只是从文本与传说获得的印象，既不真切，也不确定，还有许多的猜测。更有文明孕育的遥远年代，许多的故事也都有待发现，有待复构。

　　我们会好奇，好奇文明长河那些未知的风景，想知道风景是怎样的妖娆，想看看色彩是怎样的斑斓？我们真惊奇，但见长河散璧遗珠，是那样典雅温润，想象中还有多少失踪的宝藏？我们也会惊叹，长河流淌过的人文情怀是如何光灿日月，我们的民族精神是怎样的不屈不挠？我们也很惊疑，长河源头究竟有多远，众里寻她千百度，还需几番探寻才能确认？我们非常向往，文明长河会流向何方，百川归海又会是怎样的气势？

　　忽如一夜东风来，考古列入国家文化建设战略，我们心中的文明之谜将会加速开解。我们的社会活跃着一批考古人，考古人回归文明长河，直入到历史层面，去获取我们已然忘却的信息，穿越时空去旅行与采风，将从前的事物与消息带给现代人，也带给未来人。

　　考古，如同是一列筏子，是漂泊在文明长河上的筏子，石器美玉，彩陶黑陶，甲骨青铜，秦砖汉瓦，酒樽茶盏，丝帛锦绣，满载宝藏。这筏子上撑篙把舵的考古人，还会关注更多的细节，他们由细节驶往真实的形色历史中。与历史学家不同的是，考古人是在不同的维度上重现历史的面貌，这是立体的历史，是全真的历史。

考古人研究一式式陶器，一座座废墟，一群群墓葬，一坑坑垃圾，一组组壁画；考察大长城、大古都、大聚落、大陵墓、大运河、大丝路。考古人探索人类起源、农业起源、文明起源、国家起源、文字起源、技术发展以及文化艺术诸多课题。考古，就是研究实在的历史，复原历史的样相与色彩，寻找我们的文化根脉，重构我们的文化传统，重建我们的文化自信。

人事有代谢，往来成古今。过往与未来，都会令我们迷恋。未知的世界，都会让我们好奇。感受文明跳动的脉搏，探究文明前行的动力，明确我们的坐标，要依仗考古人。考古人带我们赏鉴和感触文明长河的浪花，让我们的心灵与过去和未来世界相通。

"考古与文明"这一个系列读本，是考古人合力扎起的一个个筏子，让我们一起登上这筏子，去展开一次次特别的旅行，到文明长河去徜徉去感悟去漂流吧！

王仁湘

目 录

前 言

　　住和衣、食、行一向被列为人类的最基本的实践活动，从人猿揖别之始，先民就为生存不断寻找、构筑栖身之所。从洞穴到半地穴式建筑，再到地面建筑，标志着他们锲而不舍地利用自然、征服自然，不断向文明挺进的艰难历程。降至三代，生产力的长足发展，使大型宫殿的建造成为可能。于是，在距今约三千一百年的西周早期，中国古代建筑最重要的材料之一——瓦出现了，这是古代建筑史上划时代的事件。随着先民对中国独特的土木结构建筑中使用瓦的经验的不断总结，瓦当应运而生。

　　中国古代的瓦分为板瓦和筒瓦两种。房屋顶部覆瓦时，相对宽大的板瓦先顺次仰置于屋顶，然后再以相对弧度较大较窄的筒瓦覆扣于板瓦与板瓦纵向相接的缝上。在最接近屋檐的最下的一个筒瓦头部有一下垂的半圆或圆形部分，即是瓦当。作为筒瓦瓦头的瓦当，既有保护房屋椽子免受风雨侵蚀"出头先烂"的实用功能，又有装饰屋檐，寄托人们美好向往的艺术与精神效果。

　　从瓦当艺术最为兴盛的西汉时期的文字瓦当看，当时瓦当有泛称为瓦的，如"都司空瓦"，有自称为当的。"当"字繁体作"當"，在西汉"当"文中有下部从田的，如"冢上大當""酒张冢當""巨杨冢當"（图 1）；也有下部从瓦以表质地的，写作"甍"，如"长陵东甍""万岁冢甍"；有自称瓦当的，如"冢上瓦当"。关于"当"字的本意，历来说法不一。清代程敦认为"当"指器物之底，并引证《韩非子·外储说右上》所记："堂谿公谓诏侯曰：'今有千金之玉卮（古代一种酒器）而无当，可以盛水乎？'"检《抱朴子·广譬》亦有"无当之玉盌（古代一种饮

图 1 西汉 "巨杨冢当"

食器具)"的比喻。若此,瓦当可以理解为筒瓦之底。清乾隆年间曾任陕西巡抚的毕沅(秋帆)认为"当"即璧珰之珰,也就是说,因为瓦当形若玉璧,于是将"珰"转借为屋椽头装饰的专词。西汉司马相如的名篇《子虚赋》有"华榱(椽子)璧珰,辇道纚(群行状)属"之句,《史记》索隐曰:"裁玉为璧,以当椽头。"班固《西都赋》也有"裁金璧以饰珰"的说法。从此我们可以得出这样的结论:"当"由"珰"而来,后省作"当",或以瓦质,又作"甍"。陈直先生在引《西都赋》时,进一步说:"《文选》注引韦昭说,裁金璧以为椽头,则珰谓檐口出头之木,瓦当之位置,正在椽头之上,或因此得名。"所谓《文选》引韦昭说即指前引的《史记》索隐条。稍事对比,不难发现"裁金璧以当椽头","当"误作"为",由于这一关键性错误,导致瓦当在椽头上而得名的错误理解。著有《金石丛话》的施蛰存教授认为"当"为"挡"之初文,就是阻挡、遮挡、抵挡之意。不管先贤对当字本意如何追索,它指最下一节筒瓦的瓦头下垂部分是毫无疑义的(图 2)。

中国最早的瓦当集中发现于周人的老家,位于陕西省扶风、岐山境内的周原遗址。在西周瓦当滥觞之初,瓦当皆做半圆形,除众多的素面半瓦外,还有重环纹瓦当。这种重环纹是当时青铜器的典型花纹,说明瓦当纹饰与当时流行、成熟的装饰纹样有直接的亲缘关系。至战国,七雄各霸一方,各国所用的瓦当多富浓厚之地方特色。而齐国故城(今山东临淄)的树木双兽纹半瓦、燕国下都(今河北易县)的饕餮纹半瓦、秦都雍城(今陕西凤翔)的动物纹圆瓦当和咸阳的云纹葵纹瓦当等堪称个中翘楚,其中又以秦动物纹瓦当最为杰出。

秦人原是居于今陕西西部和甘肃东部一带的古老嬴姓部落,以游牧狩猎为主要经济活动。公元前 677 年至前 383 年的二百九十余年中,秦国一直定鼎于雍城,经过 19 位国君的不断经营，秦雍城宫殿宗庙广布。但游牧民族的古老因子仍使他们不能割舍对动物的天然兴趣，于是在秦人的宫殿建筑上出现了大量动物纹瓦当，其中包括鹿纹、豹纹、獾纹（图 3）、斗兽纹、虎雁纹瓦当等等。雍城出土的动物纹瓦当显示出秦人对动物的偏爱与

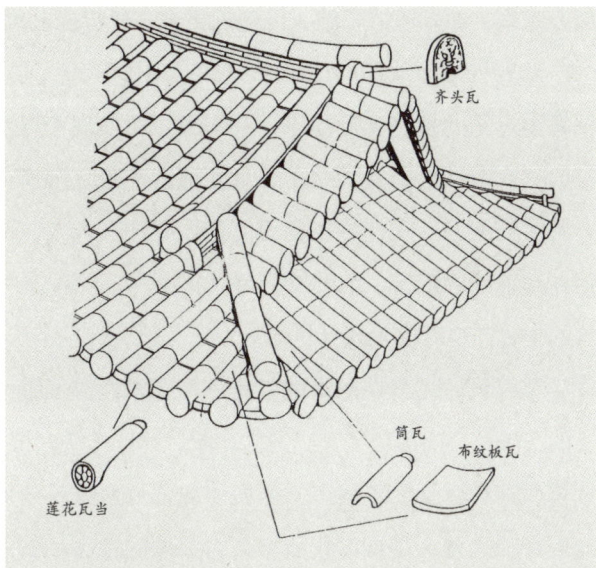

图 2 古代瓦当位置示意图

图 3 秦单獾纹瓦当

细心观察，如奔鹿的矫健、卧鹿的机警、子母鹿的温情等等都表现得淋漓尽致。

　　总的说来，战国以图像瓦为多。到了秦代，以云纹、葵纹（图4）、网纹等图案为母题的瓦当流行起来，其实物主要发现于以秦都咸阳为中心的陕西关中一带。"奋六世之余烈"的秦始皇在他的虎狼之师所向披靡的同时，曾马不停蹄地巡游大江南北。在他足迹所至之地，或建有行宫，因而在关中京畿以外的地方，如在渤海湾的辽宁、河北交界地区的绥中、秦皇岛一带的秦行宫遗址等，风格独具的秦瓦当也时有发现（图5）。

　　至汉代，瓦当在使用的广泛性与艺术性方面都臻至它的鼎盛时期。当时在西汉的三辅（今陕西关中）、渭水流域，物产丰饶，植被茂盛，离宫别馆掩映其间，故陕西遗存西汉瓦当极多。西安西北郊的西汉长安城所处瓦当数量、品类与质量均居汉代之首，是自古收藏家最为关注的地区，如今地表存瓦早已被采集殆尽。另外长陵、阳陵、茂陵、杜陵等西汉十一陵自然也出土汉瓦不少。关中的秦汉离宫，当年恢宏的建筑也为我们留下大批瓦当，如淳化甘泉宫遗址、蓝田焦岱镇鼎胡宫遗址、周至长杨宫遗址和韩城芝川镇扶荔宫遗址，其中由以淳化甘泉宫出土秦汉瓦当数量品种最多。近年陕西华阴因修高速公路，发现大量西汉文字瓦当。

另外河南（洛阳、郑州、南阳）、山东（临淄、曲阜、阳谷）、河北（易县、邯郸、平山、藁城、秦皇岛）、山西（夏县、万荣、洪洞）、辽宁（绥中、宁城、三道壕、锦州、建安、丹东、大连）、内蒙古（包头、呼和浩特）、青海（西宁）、新疆（奇台）、福建（崇安、福州）、广东（广州、五华、澄海）、江西（南昌、都昌）等地的秦汉遗址墓葬也有

图4 秦葵纹瓦当

图 5 秦夔纹瓦当（河北北戴河出土）

数量不等的瓦当发现。

至于更远的发现，从内蒙古一直可推至俄罗斯的贝加尔湖地区以及朝鲜半岛地区。

古诗"但使龙城飞将在，不教胡马度阴山"，在中国无人不知，龙城是指匈奴祭天圣地，是匈奴的政治中心地。2020 年 7 月，蒙古国国立乌兰巴托大学宣布，经过多年考古探索，匈奴单于庭"龙城"遗址在蒙古国中部地区被找到。龙城遗址位于蒙古国首都乌兰巴托以西大约 470 公里处（后杭爱省额勒济特县），其遗址定性的最重要依据的发现是出土了"天子单于与天毋极千万岁"瓦当残片。

西汉瓦当除了变化多端的各式云纹瓦当外，西汉中期出现了瓦当的最后也是最重要的大类——文字瓦。此类瓦当的直径多在 15 ~ 18.5 厘米之间，小者如"佐弋"瓦当，直径仅有 13 厘米，大者如"益延寿"瓦当，直径可达 22 厘米。文字少则 1 字，多则 12 字。文字瓦依内容可分为宫苑、官署、祠墓、宅舍、吉语、纪事几大类。

图 6　西汉白虎瓦当

文字的篆法线条在刚柔、曲直、方圆、疏密、倚正等诸多方面都达到了高度的和谐，或方峭，或流美，浑然天成，令人叹为观止。人们常常提到的汉隶汉篆绝大多数采自东汉碑石（包括碑额），而西汉金石文字绝少，虽有少数石刻题名和玺印铜器文字，但或只字片言，或密小而不易观赏。西汉文字瓦，字大而遒美，量多而变化无穷，实为西汉书法之珍贵遗存。难怪收藏秦汉瓦当文一百三十纸的著名金石学者施蛰存教授喜不自禁，欣然赋诗曰："金石难征前汉刻，秦余文托瓦头传。百三十纸五百字，别录西京缪篆篇。"

　　汉代图像瓦已不甚流行，但见于汉长安城一带的青龙、白虎（图 6）、朱雀、玄武四神瓦当却是图像瓦当的压卷绝唱。四神在古代分别代表东、西、南、北四个方向。四神瓦当有好几种不同的品种版别，但总的说来都构图雍容堂皇，制作精工细致，艺术水准极高，为今人广泛地应用于各种图案装饰设计中，堪称瓦当家族中的天王巨星。其飞扬、苍古的神韵使人能强烈感受到富有深厚底蕴的古代文化艺术的冲击。

东汉以后，瓦当艺术走向衰落。由于佛教文化的传入与生根，文字瓦骤减，唐代以后几不见踪迹。各种图案瓦也渐退出历史舞台，代之以莲花纹瓦大行其道。唐代偶见一二佛像瓦当，已使人有几分新鲜之感。宋元明清瓦当艺术如日暮余晖，完全失去了秦汉雄风的强劲与冲击力。

瓦当的图像、图案和文字对研究古代的历史地理、思想意识都有相当的学术价值。例如：战国中期秦惠公建蕲年宫，此宫曾深深影响了秦国的命运。事情是这样的，公元前247年，年仅13岁而心怀鸿鹄之志的秦王嬴政继位。然而秦王政之母宠信她的情人嫪毐，以致嫪毐权倾朝野，飞扬跋扈。公元前238年，22岁的秦王政拟在蕲年宫行冠礼。羽翼已丰的秦王政对嫪毐与母亲私通早有察觉，嫪毐惶恐不已，决定要在秦王政在蕲年宫行冠礼时，盗用秦王御玺和太后玺，征发军队，发动武装政变，射杀秦王政。如果不是阴谋未遂，嫪毐多行不义而搬起石头砸了自己的脚，也许中国历史就要从秦蕲年宫起改写。那么蕲年宫在什么地方呢？史书记载其地在雍，即秦都雍城，今天的凤翔。但雍城及其附近是秦人苦心经营了二百多年的老巢，宫殿很多，在众多的秦汉遗址中哪一个才是蕲年宫呢？1982年，考古工作者经过50年的苦苦寻找，终于在雍城西南三十余里的凤翔长青镇孙家南头堡子壕的一处面积约二万平方米的秦汉建筑遗址中惊喜地发现了一块西汉"蕲年宫当"，一举解开了蕲年宫地望的千古之谜。原来许多秦宫殿到汉代重新修葺后继续使用，此瓦当为西汉中期典型风格，当为此期某次重修秦蕲年宫所用之瓦。一方出土地点明确的瓦当为这桩历史悬案画上了圆满的句号。

瓦当有助于了解古人的历史渊源、习俗好尚。如秦雍城发现的众多动物纹瓦当无疑是秦人早期游牧传统的折射。而最后秦人定都咸阳，已有雄视东方并吞六国之心的秦人渐渐生疏了游猎传统，故在秦咸阳几十年的考古发掘中再也看不到如早期那样对鹿豹虎雁乐此不疲的精心刻画了。西汉文字瓦当大兴，其中吉语瓦当占了绝大部分，陈直先生略归其为"千秋万岁"（图7）"延年益寿""长生未央"（包括"长乐未央"）、"富贵"四个系统。从这四大系统以及更为直白的"常乐日利""千秋利君"等瓦当文字中，我们可以看出西汉社会"天下熙熙皆为利来；天下攘攘皆为利往"的追求富贵、崇重势利的习尚。至东汉，这些大富大贵的吉

图 7 西汉 "千秋万岁" 瓦当

语瓦文几乎不见了，因为东汉人更崇尚的是忠义节烈。降至北朝隋唐，莲纹瓦当盛行，这是佛教因日益中国化而广为流布的直接反映。

至于瓦当的艺术价值更是有目共睹。图案瓦当的丰富变化，图像瓦当的天真奇肆，文字瓦当的舒卷自如都是老子 "道在瓦甓" 的绝好图证。

正因为瓦当的卓越学术与欣赏价值，唐宋开始，它已引起好古之士的重视。清代随着金石学的兴盛，瓦当收藏之风大炽。朱枫、程敦、陈介祺、罗振玉等金石学家都曾倾心于瓦当的收集与研究。现代于瓦当之学贡献较大的有陈直、刘庆柱、李发林、赵丛苍等先生。而于瓦当的资料汇集整理用力较勤的有傅嘉仪、赵力光和日本的伊藤滋等。瓦当的收藏民国以谢文清、宋云石为最，作为陕西人，他们有近水楼台之便。近十余年来，随着社会的安定和人民生活水平的提高，瓦当收藏又重新大兴起来，其中西安有几家收藏皆逾数百，但若以精美和地域齐全论，当以京华路氏梦斋为最。后期收藏数量之多者，以西安任虎成先生遥遥领先。至于地域性专题瓦当收藏，齐国瓦当收藏首推临淄王也先生，燕国瓦当收藏要数保定吴磬军先生。他们都有精美的藏品集或瓦当研究著作行世。

瓦当是华夏五千年文明宝库中的一颗灿烂的明珠，瓦当之学是一门古老而年轻的学问。说它古老，因为对它的著录早起于近一千年前的北宋时期；说它年轻，因为对它的专题著录开始于距今二三百年的清代康、乾时期，而对它集中的专题研究更开启于 20 世纪后五十年。目前瓦当资料的汇集、图录的编选已受到广泛的重视，瓦当之学的潜力是很大的。

拂去古代瓦当上的历史尘埃，让我们一起走近它，共享它古老而迷人的卓然风采。

余亦繼至瞬甚無事訪兩譚甘

今溥化山中去醴百里而近求之

得一枝不勝狂喜圖記兩云不易

竟得之矣晨夕摩娑幽興轉劇思

之媡滅兒杨咸寧不

古人的著录与今人的研究

余少時嘗讀王阮亭甘泉

林吉人所為見聞記不禁神往

往朱於懷而已歲辛未大兒家瀍

　　过去一直认为，古代瓦当（主要指战国秦汉瓦当）最早引起人们的注意是在北宋。实际上，在唐代人们已对瓦当发生了兴趣。当时人们主要是用它来改制瓦当砚。唐人吴融作有《古瓦砚赋》，其中有："勿谓乎柔而无刚，土埏而为瓦；勿谓乎废而不用，瓦斫而为砚。"意思是：不要说泥土柔而无刚，施以模范可以制成瓦；不要说古瓦已废而无用，斫去筒瓦，将瓦当背面加以磨修，可以做成砚台。到了宋代，瓦当砚更为嗜古的文人雅士所喜爱。宋苏易简《文房四谱》卷三《砚谱》记载：在相州（今河北临漳西南12.5公里处）曹魏故都的铜雀台遗址，当地人多掘土而得古瓦，将其琢为砚台，十分精美。传说当年建造铜雀台，其瓦土经陶工精心淘洗，质地细腻。加之曾用核桃油抹涂制瓦之模范，故铜雀台瓦与普通瓦不一样，细腻而不吸水，用以贮水贮墨数月不干。宋代大书法家、文学家苏轼在其《铜雀砚铭引》中也记载："客有游河朔，登铜雀废台，得其遗瓦以为砚。砚坚而泽，归以遗予。为之铭曰……"欧阳修的《砚谱》也记载了当时人仿曹魏邺城古瓦制澄泥砚的情况。可见唐宋之时，以古瓦当制砚颇为时髦。

　　唐代开始出现的瓦砚，除了以瓦当为之以外，我们也不排除以筒瓦瓦身琢砚的可能。另外，人们对瓦当的关注也附庸于人们对古瓦砚的青睐，到了金石学大兴的宋代，则确切出现了对瓦当的专门记载。

　　宋王辟之（1031～?）在《渑水燕谈录》中记载："秦武公作羽阳宫，在凤翔、宝鸡县界，岁久不可究知其处。元祐六年正月，直县门之东百步，居民权氏浚池得古铜瓦五，皆破，独一瓦完，面径四寸四分，瓦面隐起四字，曰：'羽阳千岁'。"北宋元祐六年为公元1091年，这是目前关于瓦当的最早的明确的记载。另一位北宋人哲宗元符年间进士黄伯思（1079～1118年）在他的名著《东观余论·古瓦辨》中亦记载："近有长安民献秦武公羽阳宫瓦十余枚，若今人筒瓦然，首有'羽阳千岁''万岁'字，其瓦犹今日旧瓦，殊不朽腐。"他还记录了耀州（今陕西耀州区）出土的西汉武帝时的"益延寿"瓦当，并据以订正唐代硕儒颜师古对《汉书》相关条的注释之误，开瓦当文字考据之先河。南宋无名氏《续考古图》卷一亦摹录四种汉瓦图形，它们是："益延寿""官立石苑""长乐未央""羽阳千岁"等。其中"官立石苑"瓦后世不见，怀疑摹文可能有误。

　　元代李好文《长安志图》卷中《志图杂说》记录了元代瓦当的发现情况，原文曰："汉瓦形制古妙，工极精致，虽尘壤渍蚀，残缺漫漶，破之如新。人有得其瓦头者，皆作古篆盘曲隐起，以为华藻。其文有曰'长乐未央'，有曰'长生无极'，有曰'汉并天下'，有曰'储胥未央'，有曰'万寿无疆'，有曰'永奉无疆'，亦有作'上林'字者。昔人有于陈仓得秦瓦文曰'羽阳千岁'。羽阳，秦武王宫也。以是知古人制作不苟，虽一瓦甓，必有铭识，不特彝鼎为然耳。又有得瓦作'楚'字者，亦秦瓦也。秦作六国宫室于咸阳北坂上，意者必用其国号以别之欤？又'未央'字瓦，凡离宫故基亦皆有之，今杜陵碎瓦中皆有'未央长乐'等字，亦不知其何故也。"接下来，李好文又注意到秦汉瓦当筒瓦上有箆点纹和绳纹，说元人怀疑这些纹饰是用来加固瓦身的。通过李氏所记，可见在元代人们对瓦当的观察已十分细致。所记诸瓦除"万寿无疆""储胥未央""楚"字瓦外，其他六种瓦当至今都有较多存世。汉瓦中还有"卫"字瓦，过去人们认为可能与"楚"字一样，分别是秦灭卫国、楚国等，仿其宫室于咸阳北坂所用之瓦。现在证明"卫"字乃卫尉之省称。虽然至今李氏所记"楚"字瓦不见实物与拓片传世，但可以肯定其非为秦瓦，是六国宫室遗物的可能性也是很小的。李氏忠实地记录下"长乐未央"（图8）之类的瓦当广泛出土于汉代离宫别馆甚至陵墓，疑惑于此类瓦何以不专门出土于汉长安城之未央宫，可见当时研究瓦当刚刚起步，元代人还没有将通用的汉代吉语瓦与汉宫殿瓦分开。明初洪武时（1368～1398年）王祎在他的《忠文公集》记有李好文谈到的"储胥未央"等六瓦，情况殆与李好文所记同，

图 8 西汉"长乐未央"瓦当

可能他并未见原瓦。

清康熙年间（1662～1722年），福建侯官人林佶（1627～1714年）游陕西淳化甘泉宫遗址，得到一方"长乐未央"瓦，一时，知名人士为文赋诗者几遍于宇内。林佶之弟林佶（1660～1720年以后）著《汉甘泉宫瓦记》以志盛况，并作《甘泉宫瓦歌》，诗云："甘泉汉宫遗古瓦，何年弃掷荒陇下。泥沙埋没风雨剥，谁人物色求诸野。阿兄游宦入西秦，嗜奇好古搜沈沦。西京文字传绝少，何意长生四字完形神。周围一尺有二寸，水清翡翠光鲜新。非篆非隶含古意，不雕不琢归元淳。欧阳集古见未到，刘敞博雅谁探真。二千余年复宝重，转忆飞廉太乙俱成尘。当涂铜雀非侪偶，历十四朝真可久。宝器逾晦逾光明，肯让漳河片瓦传不朽。"

至乾隆十六年（1751年），浙人朱枫（字排山，浙江嘉兴人）以其子宦陕，来到关中。素有金石之好的朱枫来到文物富甲天下的陕西，十年中乐而忘返，整日访碑寻瓦，获瓦三十，异文者多至十六七种，并著《秦汉瓦图记》四卷（图9），启示人们对瓦当文字的研究与鉴别，他的身体力行之作成为瓦当文字有专书之始。朱氏尚有金石名著《雍州金石记》《印征》等行世。

又过了二三十年，一些文人雅士蜂拥入陕，访求瓦当。其中仁和（今杭州）赵魏（1746～1825年）游关中毕沅幕，与孙渊如（星衍）、钱献之（坫）、申铁蟾（兆定）互相砥砺，获瓦二十余，独珍秘之不轻示人。继而，乾隆三十九年（1774年）举人、

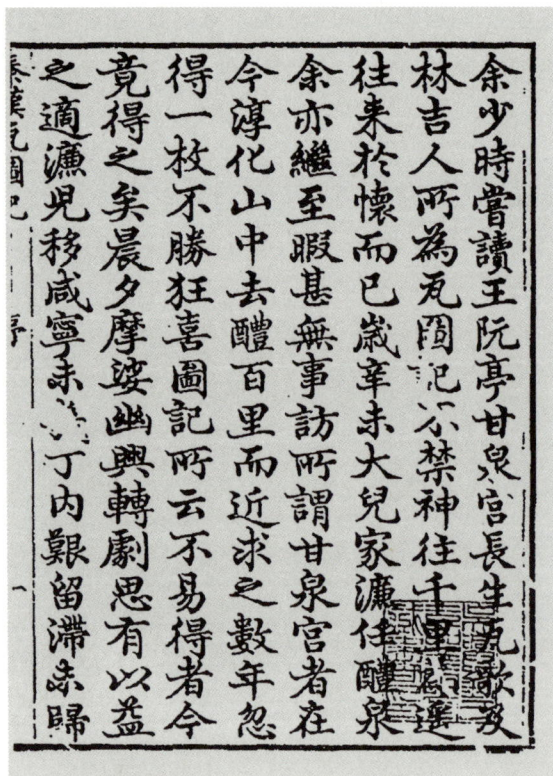

图9 朱枫《秦汉瓦图记》

钱大昕之侄嘉定钱坫（1744～1806年）入陕西巡抚毕沅幕，亦出重值购瓦三十余，与赵氏齐名，并编成《汉瓦图录》。不久二人皆去陕，俞肇修又耽好于瓦当收藏，获瓦四十余。同时曾在关中平原东部的朝邑县任县令的申兆定深好古篆籀之文，当时每有瓦当出土，即用旧砖摹刻瓦文，毫发不爽，几可乱真。虽然家中满是锥凿等刻瓦工具，刻下的砖屑到处都是，但仍通宵达旦，不自以为苦也。而且申兆定还将赵、钱、俞三家所藏之瓦中文字内容不一样或篆法奇古者亦一一仿刻，无一遗漏。后申氏编有《涵真阁秦汉瓦当图说》。

乾隆五十至五十一年（1785～1786年）歙人程敦客西安，程与赵、钱、俞、申四君十分要好，四人并将珍藏之瓦当拓片以赠程氏。程氏感友人之厚意，念四君聚瓦之不易，恐年久无载而失散，于是选取文辞不同或文同而篆法有异者，于乾隆五十二年（1787年）印行《秦汉瓦当文字》正编及续，凡三册（图10）。共录异文59种139品。该书作为瓦当收藏第一个高潮时期（乾隆时期）的集大成谱录，影响极大。而且程氏于每品瓦当后著所从获，并一一考释，时有精辟之论。如"亿年无疆"瓦，当时俞太学（肇修）得于西安坊肆，不明何处所用。有人据《汉书·王莽传》以为王莽妻孝睦皇后亿年陵遗物。现在出版的诸如《新编秦汉瓦当图录》等重要瓦当专书仍然采用这种说法，但程敦慧眼独具，指出"亿年无疆"与汉瓦常见的"延年"之类一样，当为颂祷之辞。他的观点已为考古学家刘庄柱先生所认同。

在乾隆时期瓦当研究的热潮中，陕西巡抚毕沅（秋帆）功不可没。金石学家毕沅（1730～1797年）是乾隆二十五年（1760年）状元。他在乾隆三十五年（1770年），授陕西按察使。翌年（1771年），擢陕西布政使。乾隆三十八年（1773年），升任陕西巡抚。乾隆五十年（1785年）二月，调为河南巡抚。在陕期间，他重修先王古陵墓，并沉醉于访碑探幽，所著《关中金石记》至今仍是研究陕西碑版的必读之书。在这部书中，他亦采瓦当文字十余，后又专门著有《秦汉瓦当图》。

由于毕沅对金石学的癖好，他的幕府中多精通此道者，前面提到的赵魏、钱坫诸人即为个中翘楚。另外他的幕僚吴县张埙还得到一品"长毋相忘"瓦（图11），安邑宋保醇获"维天降灵，延元万年，天下康宁"瓦。后皆携入北京，一时名公巨卿皆争先睹为快。

秦漢瓦當文字一卷

乾隆丁未三月刊於橫渠書院

右雜天降靈延元萬年天下康寗十二字瓦三其一榮學博錢別駕得於長安市肆其一俞太學得於咸陽篆法圓渾古妙諸君皆斷為秦瓦或當然與

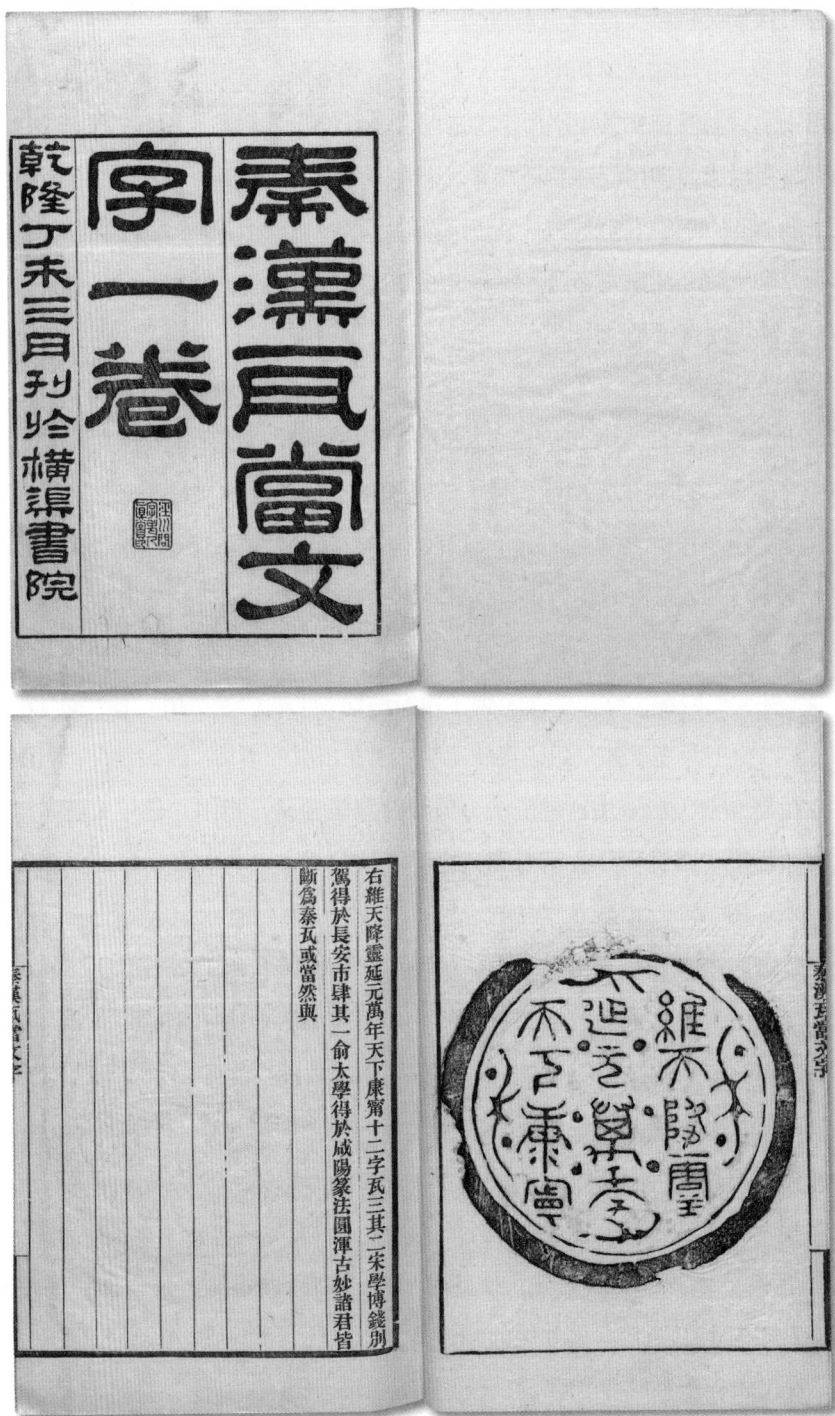

图10　程敦《秦汉瓦当文字》（1787 年）

后金石大家青浦王昶（1725～1806年，清乾隆十九年进士）官陕西按察使，前后十年，其时海内通博之士依毕、王两公以游陕访瓦者岁不乏人。

嘉庆十年（1805年），王昶编撰成碑刻学集大成之作《金石萃编》，其中也收录瓦当文字33种104件，但未超过程敦《秦汉瓦当文字》之规模。而且限于体例，只摹录了瓦当文字，未现瓦当之原形。

图 11　西汉"长毋相忘"瓦当

在考释方面，多采朱枫、申兆定、程敦之说。冯云鹏、冯云鹓的《金石索》也是收录瓦当较多的书，凡55种93件。其中"周丰宫瓦""骀荡万年""千秋长安""万岁"等则为程敦之书所无，书中并附简单考释。

后来大收藏家陈介祺、高鸿裁亦著录瓦文不少，其中多有出自齐鲁者，从而把人们对瓦当研究的视野引向关中以外更为广阔的地区。

陈介祺（1813～1884年），清末最为杰出的收藏大家。号簠斋，斋号十钟山房、万印楼等。山东潍县（今潍坊）人。道光二十五年（1845年）进士。授翰林院编修、国史馆协修。咸丰四年（1854年）辞官归里，自号海滨病史。好藏古物，又长于墨拓。陈介祺收藏之富、鉴别之精甲于天下，仅举其有铭文者，计藏有商周铜器248件、秦汉铜器97件、石刻119件、砖326件、瓦当923件、铜镜200件、玺印7000余方、封泥548方、陶文5000片等等。其中毛公鼎等商周青铜器以及古玺印收藏最负盛名，瓦当收藏几乎为之遮掩。其实其瓦当数量独步一时，虽有一些瓦当拓本通过赠送友人等方式面世，但因为当时并没有印行成书，世人知者无多。国家图书馆藏陈介祺藏瓦当拓本近千纸，其中最全的一部为《陈簠斋藏瓦当文字》。全书共18册，毛装，收录了战国、秦、汉等时期的瓦当近九百种。2008年由浙江古籍出版社选编出版《陈介祺藏古拓本选编：瓦当卷》。陈郁先生是当代民间碑帖收藏之翘楚，他经过数年搜集，有幸得到簠斋藏拓瓦当近千纸，2014年特精选333纸，结集《嘉树堂藏陈介祺瓦当拓片集》，限量印行 350 部。凭借这两种出版物，簠斋藏瓦终露峥嵘。

清咸丰二年（1852 年），浙江秀水竹里（今嘉兴新篁）人、金石收藏家王福田（1779 ~ ?），以所得秦汉 61 瓦，摹刻成《竹里秦汉瓦当文存》，也享誉一时。

清末，著名篆刻家吴隐（后为西泠印社的创始人之一）以自家所藏瓦当椎拓成书，辑成《遁庵秦汉瓦当存》（宣统二年，1910 年），流布颇广。

罗振玉是晚清民国杰出的收藏家和学者，对甲骨文、商周青铜器、古玺印、古砖等都有精深研究，而且收藏宏富。其早年壮游四方，每见瓦当亦留心汇集。及居北京六年，已收集古瓦近二百品，拓片三百余纸。酷嗜金石的他，每得一瓦，必检前人著录参对研究，感慨于前人的用力之勤和千虑一失。1914 年，他从家藏瓦拓三千纸中，汰除不能确认为真品者，精选出瓦当文字 148 种 319 品，著成《秦汉瓦当文字》一书，后人为与程敦之书区别，又称之《唐风楼秦汉瓦当文字》。书中二百三十余品知其藏家者，一一注明。往者传世图谱多以凿砖熔锡之法印成，前者即在古砖上摹刻瓦当印刷，如申兆定即用此法；后者即从原瓦上翻下模子，再将锡熔化铸于模中，制成版，再印刷，如程敦《秦汉瓦当文字》即用此法制成。而有深厚金石学素养的罗振玉亲自教授刻工勾勒刊刻之法，使这部瓦当图谱比以往的凿砖熔锡之法印成的图谱都更接近原作。罗谱收录瓦当之多，是前所未有的。而且他还第一次收入了少量花纹瓦当和秦汉以后的瓦当，这也是瓦当之学的突破。罗谱虽印行于清朝覆亡民国建立后的三年，但其所录多为罗氏汇集清代诸藏家之瓦拓，而且其编辑方法亦未超出清人水平。在纪年上，以清朝遗民自居的罗振玉也不顾公元 1914 年已是民国三年，依然顽固地在序中记之为"宣统甲寅"，所以，可以说罗谱是有清一代瓦当之学的总结。

民国瓦当研究乏善可陈，但人们对瓦当的收集兴趣不减，其中著名收藏家有谢文清和宋云石等。而最值一提的则是素有弄瓦之癖的镇江陈进宧先生于民国二十九年来到秦汉故地的陕西。

陈直（1901 ~ 1980 年），字进宧，号摹庐，晚号弄瓦翁。他祖籍江苏镇江，后迁居江苏东台，出生于一个世代书香的清寒之家。十几岁起，他即开始系统研读《汉书》《史记》，以后每几年即通读一遍，重点篇章往往能大段背诵，后来史学界的同仁专家每谈及陈直先生班马之学的纯熟与精深都感佩不已。17 岁时，因家中贫寒，他不得不辍学，到扬州一个碑帖店当学徒，从此开始走上艰苦的自学之路。他曾一度考取清华学校研究院，但终因学费难筹而放弃。然而长期的不懈努力，使他 24 岁写出《史汉问答》，39 岁前就刊行了《汉晋木简考略》《楚辞大义述》等有影响的著作，他还参加了丁福保主编的《古钱大辞典》的撰写和研究工作。抗日战争爆发，家乡沦于日军之手，先生作为一名有骨气的知识分子，饿死不食周粟，毅然逃出沦陷区，绕道香港，经昆明、贵阳、成都，1940 年抵达西安。倾心于秦汉史研究的他，在供职金融机构的同时，开始广泛搜罗秦汉瓦当、货币、玺印、陶器等文物。先生之于收藏，在于接千年之思，藉地下出土之文物，印证刊校历史之研究，这正是国学大师王国维倡导的有别于旧史学从文献到文献的"二重证据法"。先生的身体力行，为秦汉史研究别开一面。中华人民共和国成立伊始，先生即经著名学者、教育部长马叙伦的推荐，由西北大学校长侯外庐先生特聘，1950 年起到西北大学历史系执教。没有学历的陈直先生，凭着自己多年的刻苦自砺，结合自己的爱好与收藏，梳理自藏陶瓦文字实物约二百件、拓片五六百纸，至 1953 年写成《关中秦汉陶录》。内容举凡陶器、瓦当、砖文、陶范等四大类，手稿藏于北京中国社会科学院考古研究所。在近年刊行之前，已早为专家学者所引证。1963 ~ 1964 年，应著名历史学家翦伯赞之邀，他到北京大学讲学，听讲者无不感慨："陈直先生对关中秦汉的每一块砖头都是熟悉的。"粉碎"四人帮"后，年届八旬的陈直先生老骥伏枥，又在他那贫寒灰暗的家中承担起培养研究生和青年教师的任务。他招收的"文革"后第一批四名硕士研究生现皆学术有成，成为文博界和大学里的著名学者和领导。1980 年 6 月，他在辅导完他的研究生周天游（曾任陕西历史博物馆馆长）后，终于闭上了疲惫的双目，与世长辞了。

先生酷嗜古物，但身为一介寒儒的他并没有和他眼力匹配的经济实力，于是他选择了一般藏家不大注意的砖瓦陶器。就瓦当而言，其收藏数量虽少，但多为罕见珍品。如"西汉梁宫"瓦当、"羽阳千秋"瓦当、"永承大灵"瓦当、"孝太后寝"瓦当等。如果说陈直所藏之瓦还远不能与清代富可敌国的大收藏家陈介祺、吴大澂、端方、罗振玉相媲美的话，那他对瓦当的研究则是有口皆碑的。1963 年，他在《文物》杂志 11 期上发表了他的力作《秦汉瓦当概述》。在这篇文章中，他把文字瓦当分为宫殿类、官署类、祠墓类、吉语类、杂类等，然后广识每类各个品种的著录、出土地及功用。最后在综论中，从瓦当释义、画瓦与云纹瓦、造瓦手法、断代、出土地址、书体及规格、辞句、瓦文字数、瓦范与面积、板瓦与瓦丁、瓦窑、造瓦官吏、瓦当研究与著录情况，到藏家、瓦价、拓墨、伪刻、古物商人等各方面都进行了详细的记录研究。这是瓦当从唐代起受到重视以来一千年中第一篇瓦当研究的集大成之作，也是瓦当研究从传统金石学走向现代考古学的开山之作，至今仍是每个瓦当研究者和收藏家的必读之文。

1964 年，陕西省博物馆编辑馆藏瓦当以成《秦汉瓦当》一书。收入秦瓦 40 件，汉瓦 95 件，共 86 种，有许多过去谱录不见的新品类。过去由于时代的局限，清至民初的诸瓦当谱录均以石印等旧式印刷术印成，很多失形甚大。见过少数真瓦和原拓的人或可通过其型模想见原瓦的卓然神采，但对绝大多数人来讲则很难做到这一点。《秦汉瓦当》作为较早的以照相制版印成的瓦当图谱，真实准确地反映了古代瓦当的庐山真面目。而且该书对绝大多数瓦当标出准确的出土地点，并对其时代特点作了简要的分析和总结。国家文物研究收藏机构的这种优势是以往私人藏家不可能做到的。

历史翻到 20 世纪的 80 年代，瓦当作为祖国优秀的传统文化，再一次引起世人极大的重视。此期瓦当研究的重要成果是几部重要瓦当图录的出版和刘庆柱先生对战国秦汉瓦当、李发林先生对齐故城瓦当的权威性科学研究。

20 世纪 80 年代瓦当谱录的出版，是以前几百年不能相比的，其肇始得力于几部私家瓦当图谱的推波助澜。

1983 年，华非先生的《中国古代瓦当》出版。作为新中国第一本私家瓦当谱录，该书从各种资料中汇集瓦当 284 种，筚路蓝缕，功不可没，虽翻拍制作质量不佳，亦有个别伪品，如 58 号和 61 号的"马甲天下"瓦等。

1986 年，杨民力先生将自己多年收集的瓦当拓片 369 种结集为《中国古代瓦当艺术》。此书除战国秦汉的瓦当资料外，还包括一些西周、隋唐、明的瓦拓，书后还有 17 幅秦汉瓦当的实物照片，这些都是极其珍贵的。遗憾的是此书编入了一些石印品甚至伪品，如第 267 号"万有意"瓦当即为从仿制瓦当上拓下，第 36

号齐故城瓦当则可能为石印品。另外，由于拓片照相前没有熨平或托裱，所以印刷效果也难尽如人意。

1988 年，沪上篆刻名家钱君匋与张星逸、许明农广泛搜集资料，选取各类瓦当 700 种，编成《瓦当汇编》一书，其数量之多是空前的。因为该书的目的主要在于作为一份艺术资料，故没有瓦当尺寸及出土地，这无疑减少了它的科学性。另外，此书虽经认真遴选，"汰其重出与未可确信者"，但还是混入了许多仿品与伪品，如第 508 号"千秋"瓦和第 667 号"君子"瓦等。

在私家集谱产生广泛影响之后，国有文博收藏单位也意识到社会对整理出版更具科学性的瓦当图录的迫切需求。

陕西是瓦当的故乡，战国秦汉是瓦当艺术的鼎盛时期，作为当时的政治文化中心，关中向为瓦当研究者关注的焦点。国有文博单位多收藏有瓦当，其中以陕西省博物馆（后分为陕西历史博物馆和西安碑林博物馆）、陕西省考古研究所、西安市文管会、西北大学四家收藏最丰。

20 世纪 60 年代，陕西省博物馆早着先鞭，率先出版《秦汉瓦当》，在编录的科学性上开了一个好头。二十一年后的 1985 年，西安市文物管理委员会亦将其藏瓦辑成《秦汉瓦当》出版。此书共收录秦汉瓦当 140 品，其中多有不少罕见珍品，如"临廷"瓦当（11 号，孤品）、"涌泉混流"（22 号）、"都司空瓦"（26 号）、"延寿长久"（36 号）、"千秋万世长乐未央昌"（63 号）、"千秋万岁与地毋极"（62 号）及西安北郊出土的四神瓦当等等。此书不但在书后标明每品瓦当的时代、面径、出土地和简单描述，而且还有许多瓦当为实物照片，使读者对瓦当的凸凹质感、线条的圆劲、残破的沧桑感都有了更好地理解。不过此书将伪品"益延寿宫"（23 号）收入，导致这件伪品的更广泛地流布。

1986 年，陕西省考古研究所秦汉研究室印行《新编秦汉瓦当图录》，此书共收录考古所及陕西其他市、县博物馆收藏的瓦当 390 件，比洋洋大观的罗氏唐风楼《秦汉瓦当文字》所录还多 71 件。其中包括秦图像图案瓦 146 件、汉图像图案瓦 60 件、汉文字瓦 183 件。其中的菁华鳞集自不待言，更为可贵的是多数瓦当是考古工作者亲自发掘或采集的，有明确的出土地点。往者收藏家记录之瓦当出土地点，多得于瓦当商人之口，其准确性大打折扣。而《新编秦汉瓦当图录》却大不一样，考古工作者不但著录其时代与尺寸、出土地，有些还尽可能记录了瓦当背面及所附筒瓦的纹饰和制作痕迹，科学性有了进一步突破。

西北大学是瓦当研究专家陈直先生生前执教的地方，在陈直先生的影响下，其历史系文物陈列室（现扩为西北大学文物博物馆）藏瓦甚多。1987 年与陈直先生一同创办西北大学历史系考古专业的刘士莪教授将系藏瓦当 248 件汇成《西北大学藏瓦选集》，并附系藏瓦当拓片 74 种。

翌年，考古学家徐锡台、楼宇栋、魏效祖出版《周秦汉瓦当》，凡录 396 件。特别是书中科学著录了 5 件出土于周原遗址的中国最早的瓦当——西周素面重环纹半瓦和 4 件凤翔雍城出土的春秋绳纹半瓦，丰富了我们对战国前瓦当的认识。但此书的印刷质量还不能令人满意。

如果说 20 世纪 80 年代是瓦当资料的极大丰富时期，那么 20 世纪 90 年代，瓦当研究在 60 年代陈直先生的基础上有了突破性进展。

过去瓦当图录多只录陕西关中出土的战国秦汉瓦当，清晚期虽有陈介祺、高鸿裁、罗振玉等开始注意关中以外诸如山东、河北的瓦当，但影响并不大。1990 年，业师山东大学历史系考古专业的李发林教授出版《齐故城瓦当》。这是除图录外国内外关于瓦当研究的第一部学术专著，更是陕西关中秦汉瓦当之外关于瓦当的又一最重要地点山东临淄齐故城瓦当专项研究的开山力作。该书对齐故城瓦当的种类、题材、演变和年代、特色、纹样渊源、制作方法等都进行了系统论述。

20 世纪 60 年代，陈直先生对秦汉瓦当进行了总结性研究，并对传统金石学与现代考古学的结合做了有益的尝试。以后近三十年中，陕西瓦当的研究基本未超出陈直先生的水平。90 年代，这一局面有了很大改观。

1994 年，刘庆柱先生著成《战国秦汉瓦当研究》一文。作为秦汉考古专家的刘庆柱先生，1967 年毕业于中国考古学的黄埔军校——北京大学考古专业，曾任中国社会科学院考古研究所所长，先后在秦汉故地陕西参加主持秦咸阳城遗址勘探、秦咸阳宫第一、第三号宫殿建筑遗址的发掘、汉唐帝王陵墓的勘察、秦汉栎阳城遗址的勘探、宣帝杜陵、汉长安城的发掘等。丰富的田野考古实践使他具备了以往任何瓦当研究者都难以具备的第一手考古资料。刘文首先突破了人们在瓦当研究中唯重关中的狭隘视野，对河南、齐鲁、燕赵及其他地区的瓦当进行了开创性的研究，透过常人难以找寻的琐碎资料，使我们对这些地区的瓦当面貌有了较为清晰的总体认识。其次，过去瓦当研究者多只重视文字瓦当，对图案瓦当的种类和流变缺乏研究，这也是由于以往图案瓦当多为采集而得，在断代上缺乏考古地层的有力支持所致。刘文以考古发掘为基础，对各种瓦当图案的分布与演变进行了详细地阐发，对前人之说进行了大胆的突破与修正。如过去陈直先生认为秦汉瓦当的"云纹是由铜器云雷纹及回纹演变而来"，刘文明确指出此说不妥。认为云纹（图 12）渊源于葵纹（图 13），葵纹向云纹的过渡发展："一是由葵纹演变为羊角形云纹，进而发展为蘑菇形云纹；二是由葵纹演化为反云纹，进而发展为云朵纹。"第三，在文字瓦当方面，刘文也澄清了许多传统旧说，并提出了

图 12 秦云纹瓦当

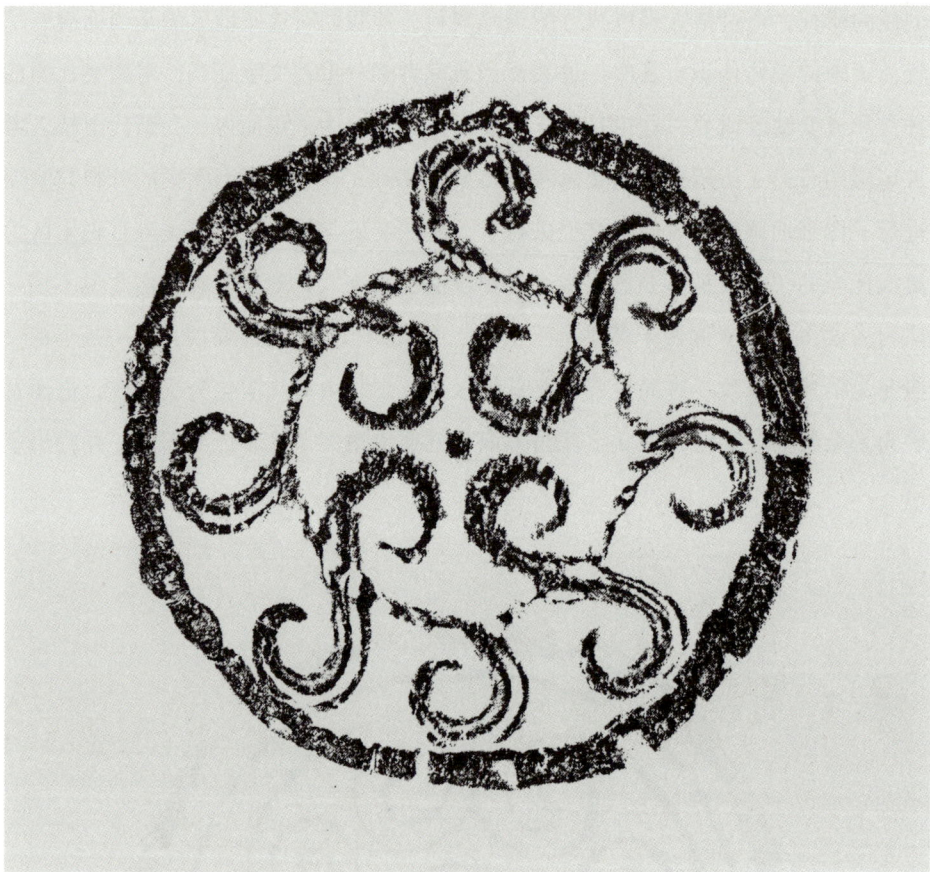

图 13 秦葵纹瓦当（陕西西安临潼区鱼池村秦遗址出土）

许多有价值的见解。如他明确指出文字瓦可能出现于西汉景帝时期；过去普遍认为的秦"维天降灵，延元万年，天下康宁"十二字瓦当为西汉中期之物；提出了文字瓦当面中央仅饰圆饼者多为西汉中期或稍早之瓦当，西汉中晚期，圆饼周围多饰联珠（图 14）；瓦当制法的变化在武帝中期等等的观点。

20 世纪 90 年代，瓦当资料汇集的一大收获是 1995 年日本金石拓片收藏家伊藤滋出版之《秦汉瓦当文》。日本是海外最为关注中国瓦当的国家，过去他们出版的瓦当专书主要有《书道全集》（平凡社，1931 年）、《汉瓦当文集》（1960年）、堀口苏山《秦汉瓦砖集录》和关野雄《半瓦当之研究》。《秦汉瓦当文》是公元 2000 年以前所有瓦当图录中收录最多、印刷最精的瓦当图录。共收入各类瓦当 1098 件，其中原大者 213 件，缩小者 885 件。文字瓦共 725 件，385 种，其中 72 种以往未见著录。

在国内还有两部拓本瓦当录值得一提，一部是首都博物馆编辑之《首都博物馆藏秦汉瓦当选辑》，共录 40 品；一部是北京私人收藏家路东之从其所藏 300 多方瓦当中精选 60 品辑成的私人藏品集。两谱均以宣纸精拓而成，惜价格甚昂，流传未广。

文字瓦当是瓦当家族的骄子。汉代瓦当文字的奇肆善变为金石学家心折不已。1996 年 11 月，当今印坛大家沪上韩天衡先生偕弟子张炜羽、郑涛，穷三年之功，编成《古瓦当文编》出版。作为第一本关于瓦当文字的字典，该书收单字三百三十余，总存字三千四百余。韩氏以一个艺术家的敏锐眼光，系统地阐发了瓦当的艺术价值，多有精辟之论。如他指出：瓦当分割的扇形空间对方正对称的秦汉文字提出了全新的挑战。古代艺术家以相应的变形文字去吻合这扇形特殊的空间，成功地获得

图 14 西汉"长生无极"瓦当

了出神入化、神采飞扬的文字变形。基于破平衡、破对称、破规则的前提，瓦当文字以其灵变、夸张、错落的造型特点而独具一格。瓦当艺术对篆刻家"印外求印"极有参考价值。瓦当艺术是相对独立的自成体系的艺术品类，是一门至今为人们关注而有待在史学、建筑学、画学、书学上深加研究和开掘的艺术品类。至于所云瓦当艺术"滥觞于战国"、战国瓦当"皆为半圆"则表现了艺术界对考古界的瓦当最新研究成果的陌生。

20 世纪末，还有赵力光、傅嘉仪两位陕西金石学家在戮力搜集瓦当资料。前面提到的伊藤滋的《秦汉瓦当文》（定价 8000 日元）等宣纸原拓本及宣纸印刷本一般工薪阶层难以问津，西安碑林博物馆的赵力光先生收录瓦当 740 种编成的《中国瓦当图典》1998 年出版，部分弥补这种遗憾。西安中国书法艺术博物馆馆长傅嘉仪先生是一位很有造诣的书法篆刻家，凭借其广泛影响，他 1999 年出版的《秦汉瓦当》，收录各类瓦拓 1602 件，其总量超过了日本伊藤滋之《秦汉瓦当文》。

综上所述，我们大概可以将公元 2000 年以前的瓦当著录与研究分为四个时期。

第一个时期　唐一明，是瓦当引起人们兴趣并开始著录的萌芽时期。其代表作有北宋王辟之的《渑水燕谈录》、黄伯思的《东观余论》和元代李好文的《长

图 15 2004 年，陈根远在西安秦砖汉瓦博物馆接受凤凰卫视文化大观园主持人王鲁湘采访，介绍瓦当艺术（右一为博物馆创办人任虎成）

图 16 韩国柳昌宗出版部分瓦当图书

安志图》等。

第二个时期　清—民国，是瓦当著录的普遍兴起时期。其代表作有清乾隆朝朱枫的《秦汉瓦当图记》和民初罗振玉的《秦汉瓦当文字》。

第三个时期　20 世纪 50～80 年代，是科学的瓦当资料汇集与研究时期。其代表作为陈直先生的《秦汉瓦当概述》和陕西省考古研究所的《新编秦汉瓦当图录》等。

第四个时期　20 世纪 90 年代，是考古学的深入介入和资料汇集的长足发展时期。其代表作有刘庆柱的《战国秦汉瓦当研究》和李发林的《齐故城瓦当》、伊藤滋的《秦汉瓦当文》、赵力光《中国古代瓦当图典》等。

进入 21 世纪，瓦当收藏与研究随着中国经济的起飞风起云涌。

2002 年，陈根远出版《瓦当留真》，开瓦当收藏专书先河。2010 年，中国馆藏瓦当数量和品类最多的"秦砖汉瓦"专题博物馆西安秦砖汉瓦博物馆成立（图 15），该馆馆藏西周至明清各个时期瓦当 2000 余品。同时韩国柳昌宗先生也在韩国创办了瓦当博物馆，并印行瓦当图书多部（图 16）。2006 年在刘庆柱先生指导下，申云艳出版了她的博士论文《中国古代瓦当研究》，这是国内首部瓦当专题博士论文。2016 年，田亚岐、孙周勇出版《椽头乾坤——陕西古代瓦当》。瓦当受到越来越多的收藏家与学者的关注。

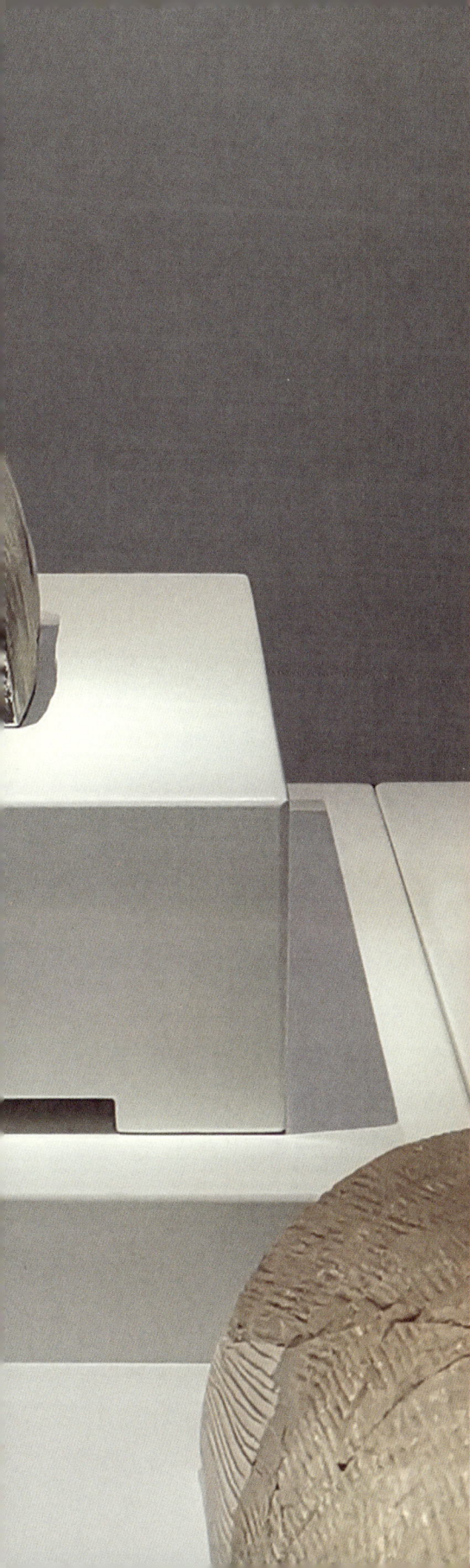

四阿沧桑　瓦当护橼

——瓦当的出现

早期人类在生存的激烈竞争中，栉风沐雨，备受艰辛。当时他们赖以栖身的地方主要是天然的洞穴，如距今 80 万～100 万年前的蓝田人栖居在秦岭北坡。

在距今约 10000～4000 年的新石器时代，先民的生存能力已有了长足发展。他们发现黄河中游一带，黄土肥沃而疏松，用简单的工具犁耕播种，便有令人欣喜的收获。于是他们定居下来，开始从事农业种植，这里遂成为中华古代文明的摇篮。在居住方面，他们已能够在地面挖一个深约一米左右的圆形或方形的坑，四周再支上木柱，封闭后再覆顶，形成所谓半地穴式建筑。到了距今约六七千年的半坡人时期，在构筑于地面上的木骨泥墙茅草屋中，他们过着艰苦但十分平等的"原始共产主义"生活。

到了奴隶制文明高度发达的商代（公元前 16～前 11 世纪），虽然人们已能制造颇为庄严华丽的青铜彝鼎，但其房屋建筑仍十分原始。如河南偃师早期商都遗址及湖北黄陂商代中期方国都城遗址上发现的建筑遗迹均为木骨泥墙。版筑墙虽然在河北藁城商中期遗址中已有较好的保存，但仍不见一砖一瓦。大家都知道河南安阳殷墟是商代晚期的都城，这里发现有驰名中外的中国最早成熟文字甲骨文以及众多精美的商代青铜重器。安阳小屯是当时商都的宫殿区，经过半个多世纪的发掘，先后发现建筑基址五十多座，虽有夯筑良好的版筑墙，但仍无砖瓦踪迹。古建专家告诉我们，当时的房架皆以木柱支撑，墙用版筑，房顶仅以茅草覆盖。历史发展的局限，使贵如一国之君的商王也只能住在今天看来十分简陋的"草房"里。

那么，砖瓦这两种重要的建筑材料到底是什么时候才出现的呢？过去人们有个笼统的说法：秦砖汉瓦。多数人都相信秦时才有了以瓦覆盖屋顶的事。然而近五十年的考古发掘改写了这一历史，证明是周人最早创造并使用了砖和瓦。

周人原是陕西关中西部黄土高原的一个弱小部落，周的祖先弃擅长种植，帝舜封弃于邰（今陕西武功县），号曰后稷，后世推为中华农业的始祖。夏建立后，周族首领被任命为农官。传至不窋，夏后氏昏乱，不事稼穑，周人"失官"而被迫逃窜于戎狄之间（《尚书·大诰》）。这是周人第一次大迁徙。周人在戎狄间生活艰辛，传至公刘，第二次大迁徙至泾水中游的豳。他率领族人"复修后稷之业"，大力发展生产，建立了武装。1980 年，在这一带的长武碾子坡发现了先周房屋基址等大量遗迹遗物，为研究这一时期的周人文化提供了珍贵的实物资料。

以后周族发展为商朝西部强大的部落。从商代武丁卜辞中常见的"周侯"字样，可知此时周人大概已受封为西方侯国。周人经济的发展，引来戎狄的觊觎。古公亶父审时度势，说服族人进行第三次大迁徙，逾梁山，渡漆、沮，来到岐山下的周原。其他方国、部落"闻古公仁"，纷纷追随而至。在这里，古公亶父率周人接受先进的商文化，建立国家机器，创造了辉煌的周原文化。

周原位于关中平原西部、东距西安100公里的扶风、岐山县境。东西长约5公里，南北宽约3公里，这一带分布着大量的西周建筑、墓葬、制铜和制骨作坊等遗址。1976年以来，除清楚了这个早周都城的地望范围外，还发掘了两处西周早期和中期的宫殿（宗庙）建筑基址。在与这相距1.5公里，遥遥相对的岐山凤雏村西周宫室遗址和扶风召陈村西周宫室遗址中明确发现了我国最早的瓦和瓦当。

凤雏村西周甲组宫室建筑基址南北长45.2米，东西宽32.6米。坐北朝南，略偏西北10度。整组建筑为三进院落，东西对称，结构严谨。以影壁、门道、前堂和过廊为中轴线，东西两侧配置门房、厢房，显为经过精心设计一次建成的完整的"四合院"式建筑（图17）。据碳14年代测定，其距今约三千一百年左右，当为武王灭商以前建造。从发掘出土大量的建筑堆积，如墙皮、朽木、芦苇和草木杆搅拌的墙皮土坯、柱石、瓦等实物看，西周初年确已发明使用了瓦。但此期瓦的数量并不多，只在屋脊、檐口和天沟附近才使用，主要还是在屋顶覆以芦苇，然后再抹上几层草拌泥，厚7～8厘米，基本仍停留在"茅茨土阶"的水平。传为周公所撰的中国最早的辞典《尔雅·释宫》云："屋脊曰甍，蒙也，在上覆蒙屋也。"正反映出最初草顶上覆瓦脊的历史事实。

西周早期屋顶局部覆瓦的状况到

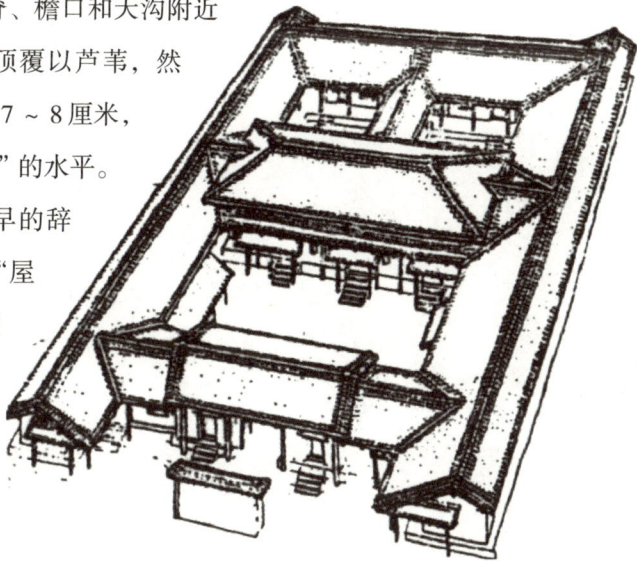

图17 陕西岐山凤雏村西周甲组宫殿建筑基址复原图

西周中期有了很大改观，出现了屋面全部用瓦并开始使用了瓦当。其最早实例见于扶风召陈村西周宫室遗址。该遗址也是 1976 年发掘，共发掘了 15 座房基，面积 6000 多平方米。其中以 3 号房基最为完整，其夯土台基东西 24 米，南北 15 米，残存仅高出基下踩踏面 20 厘米左右。其正面六间七柱，侧面五间六柱，面积 281 平方米。正间中间两间最宽，面阔 5.6 米。不论从建筑面积和面阔讲，召陈村第 3 号房是已发掘的西周时期整个周原最大的建筑基址。它的建筑水平较凤雏村的房基有了很大的发展，最明显的就是：柱子特别粗，最大的基石边长 1.2 米，屋面全部覆瓦并出现了瓦当。召陈村的诸多建筑基址除一座建于西周早期外，其他均建于西周中期，废弃于西周晚期，距今约二千九百年左右。古建专家经缜密研究，认为它们皆为四阿式建筑。

周原的考古发掘告诉我们，瓦的发明当在西周初年或更早一些，到了西周中晚期我国的大型建筑出现了瓦当（图 18）。

最早的瓦当皆出土或采集于周原扶风召陈村遗址，均为半圆形，质地坚硬，呈青灰色，当面平整无突起的边轮。有些出土时当面纹痕内还残留有朱红颜色。瓦当分为素面无纹和刻画纹饰两类，素面瓦当一般形体较小，数量不多，如召陈村采集的一件素面瓦当，面径 17.6 厘米。饰纹瓦当发现较多，直径一般在 17.7 ~ 25 厘米之间，纹饰皆以重环纹为主，间饰弦纹、同心圆纹等。其制作大致是先制成圆形瓦头，然后再在其上盘筑成圆筒体。这时其形状有些像水桶，再用细绳勒

图 18 周原出土西周瓦当

割为两半即成。当面的纹饰是制成后
手工刻绘的，这与以后以模范制瓦当
颇不一样（图 19）。

重环纹是西周中晚期青铜器上常
见的一种重要纹饰。它的基本特征是
一长方形的环，一端为半圆形，一端
为内凹出角，整体略呈椭圆形，环有
一重、两重、三重（图 20）三种形式。
如铭文最长的西周晚期重器毛公鼎上
腹部即饰一周三重重环纹。1972 年，
周原刘家村出土一件西周中期铜镜的
背面也装饰有一周精美的重环纹。那

图 19 西周重环纹半瓦当

图 20 西周青铜器上的重环纹

么，西周中晚期流行的重环纹同时出现在其国都重要宫室的屋檐最为显著处的瓦
当上，难道它仅仅是一般的抽象几何图案吗？日本瓦当专家村上和夫在他的《中
国古代瓦当纹样研究》中认为，重环纹不是普通意义上的几何图案，它是天的象征。

村上引证了许多考古资料，指出：重环纹的总的形态是几重相套的环状圆。
类似的圆形在新石器时代彩陶纹饰中就用来作为天象的符号，如郑州市大河村仰
韶文化遗址彩陶中就多有这类纹样。贺兰山是中国古代北方少数民族心中的神山，
其诸多战国岩画中重环图案颇引人注目。原报告称："有人认为这种形状的图案
与古代人的天道观有关，双圆圈中间加点的重环图案是表示星星或者星座的。"
在科学并不发达的西周，周王及奴隶主贵族对"天"是相当敬重的，认为天命不
可动摇，治理国家要"顺乎天而应乎人"。以"敬天保民"为己任的周王认为自
己是上天意志的代言人，相信四季运行是否顺利，取决于国王的所作所为。所以，
以象征天的重环纹装饰在随时仰视即见的宫室屋檐之上，一则可暗示臣下与子民，
周王君权神（天）授的不可动摇的权威，二则也力图时时提醒统治者自己，天神
无时不在俯看着人间，对上天的信仰要恭敬虔诚。可以这么说，周宫室瓦当上的
重环纹是周统治者"敬天保民"施政纲领的无声的独白。

百花齐放 各领风骚

——战国时期的瓦当

　　战国时期（公元前 475 ~ 前 221 年）是中国古代社会激烈变革的时期，礼乐征伐自天子出的时代已一去不返。经过春秋时期的兼并战争，至战国更是群雄并起，其中齐、楚、燕、韩、赵、魏、秦尤为突出，在东方古老的土地上不断书写下争雄称霸的历史。

　　物竞天择，适者生存。为了在诸侯逐鹿中稳占一席之地，各国都注意发展生产，重用知识分子（士）。生产力的长足发展每每导致各国上层建筑的变革，在生产力和上层建筑的有力互动下，中国历史翻过了奴隶社会的沉重一页，迎来了生机勃勃的封建社会的全新篇章。社会的激烈变革，士的兴起和被重用，又在思想上形成了"百家争鸣"的局面。随之而来，在文学艺术上都走向了中国古代社会可书可记的繁荣时期。

　　就瓦当而言，冲破西周瓦当滥觞时周王对瓦当的奢侈独享，瓦当已从关中周原的局部发展走向全国各地的全面开花。苟全洛阳的周天子宫殿之瓦再也不能在瓦当世界一统天下，在獚龙夔凤的秦动物纹瓦和千姿百态的秦云纹葵纹瓦、简洁清新的齐树木纹半瓦、狞厉森然的燕饕餮纹半瓦的比照下，周天子之瓦黯然失色。在战国时期的文献中，我们还首次见到"瓦屋"一词，而且也不是周天子之宫而是诸侯之室。这就是历史滚滚向前时在瓦当艺术上留下的无声印迹。

　　以秦、齐、燕三大主流瓦当系统合成的战国瓦当艺术形成了中国古代瓦当艺术的第一个高峰，尤其是在图像和图案瓦当两方面取得了空前绝后的成就，是瓦当从西周被创造使用一千多年来第一声振聋发聩的洪钟巨响，中国古代瓦当的鼎盛时期——战国秦汉时期由此肇端。

獚龙夔凤　秦人灵气

　　西周末年，秦人游猎于甘肃天水一带。公元前 677 年，秦德公定都雍城（今陕西凤翔）。殆在此际，秦人受周文化的影响，开始形成使用瓦当。此后 290 余年（公元前 677 ~ 前 383 年），一直作为秦国首都的雍城成为秦瓦的最重要出土地区，以后的秦都栎阳（公元前 383 ~ 前 350 年）和咸阳（公元前 350 ~ 前 207 年）

也是如此。

就秦瓦当断代而言，我们应首重栎阳瓦当的研究。

公元前 384 年，秦献公当政，次年，"城栎阳"。此后秦献公、孝公父子经营栎阳 33 年，直至公元前 350 年，孝公徙都咸阳。至秦亡前的近 150 年中，栎阳还是秦都咸阳的东方要冲。秦末，项羽杀奔咸阳后，三分关中与陕北，其中塞王司马欣即都栎阳。楚汉战争时，萧何负责营建新都长安，栎阳一度为西汉临时政治中心。以后沿用，至东汉乃废。分析当时的社会环境与经济发展水平，秦汉时期栎阳的大规模建设主要在战国中期其为秦都的 33 年中（公元前 383 ~ 前 350 年）。20 世纪 60 年代在今陕西临潼武屯乡关庄、王宝屯一带秦栎阳城遗址的勘探中发现的古代遗物年代比较单纯，皆为战国中期之物。其中瓦当分为葵纹、云纹两大类，云纹瓦当瓦心多饰网纹、云纹等（图 21），未见后期最常见的

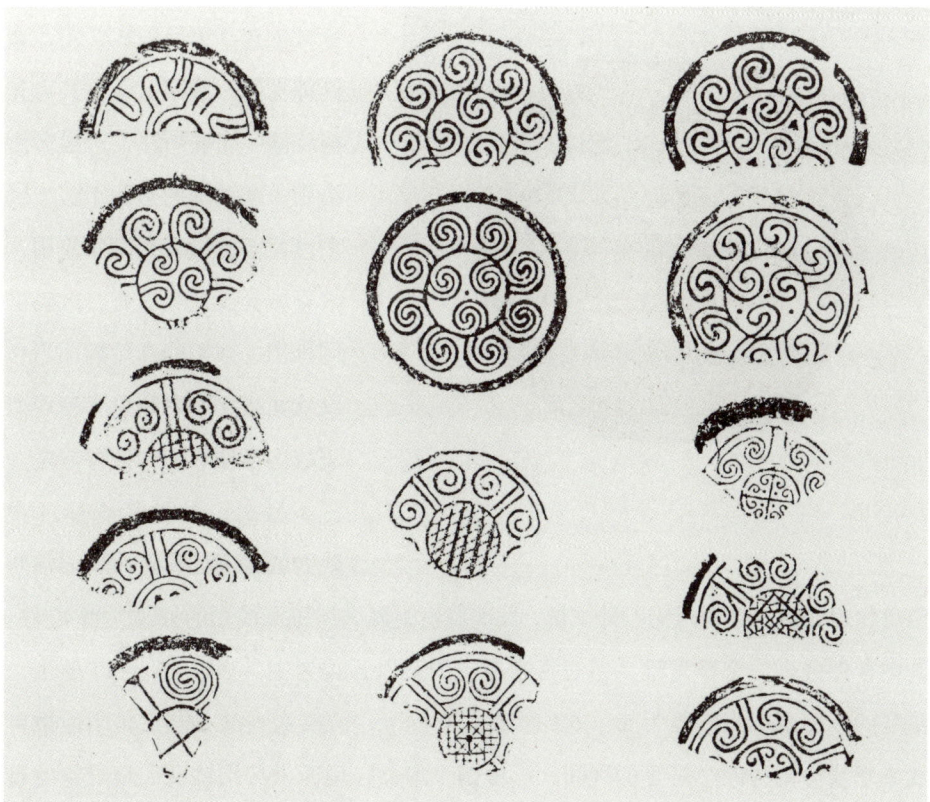

图 21 秦栎阳城遗址出土战国中期葵纹、云纹瓦当（约公元前 383 ~ 前 350 年）

图 22 战国秦虎雁纹瓦当

图 23 战国秦鹿犬双蛇纹瓦当

半球状瓦心。2013 ～ 2018 年考古发掘确认，3 号故城遗址就是秦都栎阳，除了再次出土大量葵纹、云纹瓦当，还首次考古出土了鸟纹瓦当 17 枚、双龙纹瓦当 3 枚、虎雁纹瓦当（图 22）2 枚、鹿纹瓦当（图 23）11 枚、兽纹瓦当 1 枚。

以此为基础，剔除秦咸阳出土的同类秦瓦当，所剩殆为战国晚期到秦代新创之瓦当。雍城创建于公元前 677 年，秦徙都栎阳、咸阳后，以其为先祖陵墓、宗庙所在，宫殿多所沿用，而此地的秦蕲年宫、棫阳宫甚至汉代还在翻修使用。故雍城秦汉瓦当兼有，区隔雷同栎阳、咸阳的秦后期瓦当和汉式瓦当，方可窥见春秋后期至战国早期秦瓦的独特范式。

另外，2000 年 5 月，在陕西临潼秦始皇陵内城南墙西南角和内城南门东西两侧三处试掘，发现城垣附属廊房屋面使用的云纹瓦当 42 件。其中 3 件残损，余皆完整。当面为圆形，图案以云纹为主，当径 16 ～ 17 厘米，沿宽约 1 厘米，当心径为 5 ～ 6.5 厘米（图 24）。云纹瓦当的共同点是当面被单线或双线分割为四个对等的区间，形成四个扇面，扇面上分别饰有四组对称的卷云纹；当心由 6 条或 8 条单线构成菱形纹、方格纹等几何图案，当沿较宽；在边

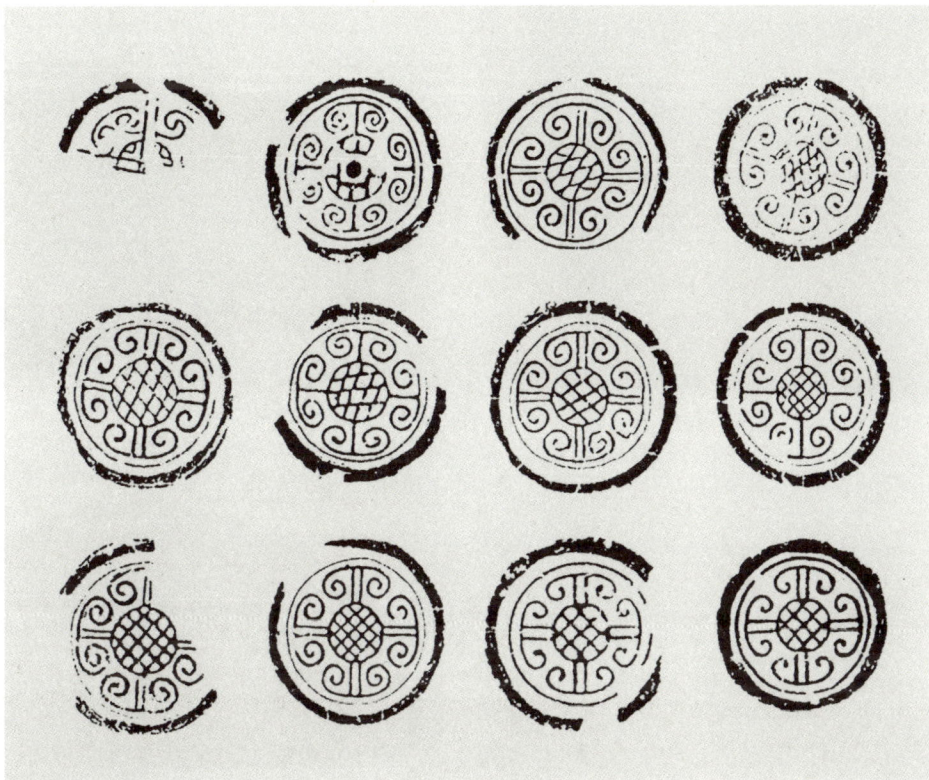

图 24 秦始皇陵出土战国晚期至秦云纹瓦当（约公元前 246～前 208 年）

轮内，又起一周弦线。秦始皇陵始建于嬴政即位（公元前 246 年），结束于秦始皇下葬后两年（公元前 208 年），这批瓦当即造于此 39 年中，极有断代意义。

如前上述，秦瓦当时代包括春秋、战国和秦代。其以形状分大致有半圆瓦当、大半圆瓦当和圆瓦当三类。

半圆瓦当是瓦当家族中最早的成员。秦半圆瓦当有可分为三类。

① 素面半圆瓦当盛行于春秋中晚期至战国早期秦建筑遗址中，战国中晚期至秦代有少量发现，如秦咸阳城遗址出土的半圆形瓦当俱为素面。筒瓦内拍印大麻点纹并留有明显的一层层泥条盘筑痕迹，瓦色青灰，瓦质坚硬厚重，是早期秦瓦的典型特征（图 25）。

② 绳纹半圆瓦当在素面半瓦当面上有饰绳纹的饰带，多与素面半瓦相伴出土，流行于春秋中晚期，沿用至战国早期。在凤翔雍城豆腐村姚家岗春秋建筑遗

图 25 战国秦素面半圆瓦当

图 26 春秋中晚期至战国早期秦绳纹半圆瓦当

图 27 秦云纹半圆瓦当

址、马家庄春秋中晚期建筑（秦宗庙）遗址、凤翔瓦窑头皆有出土，简单的风格流露着瓦当童年的纯真（图26）。

③ 山云纹半圆瓦当与燕国大量出土的山云纹半瓦颇类，区别在于秦瓦云纹接于山形上，燕瓦云纹多接边轮。这种秦瓦多见于秦咸阳及渭河以南秦遗址中，如西安三桥镇就曾发现许多。

云纹半圆瓦当当面分两区，瓦心多饰网纹（图27）。

另外，秦半瓦中还有饰夔纹、植物纹的。

大半圆瓦当又称遮朽，安于皇家宫殿两侧檩头上，等级甚高，直径一般50～70厘米。流行于秦代。秦始皇陵区、栎阳城、陕西兴平、辽宁绥中石碑地秦始皇行宫遗址都有发现。

圆瓦当分素面、图案、图像瓦三类。

素面圆瓦见于战国早期以前，以后已极少使用。

图像瓦当包括以下几种：

① 单体动物纹瓦当，主要流行于战国前期都城雍城遗址中，延续到栎阳时期。一般边轮较窄且不甚规整，当面没有弦纹，瓦呈青灰色，十分坚硬，瓦筒拍细绳纹。动物纹样包括鹿（图28）、虎、獾、蟾蜍、豹、夔凤（图29）等。

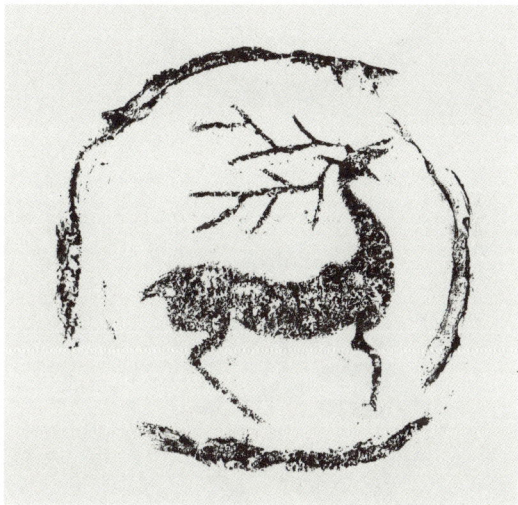

图28 战国早期秦鹿纹瓦当

图29 战国早期秦夔凤纹瓦当

图30 战国早期秦凤鸟纹瓦当

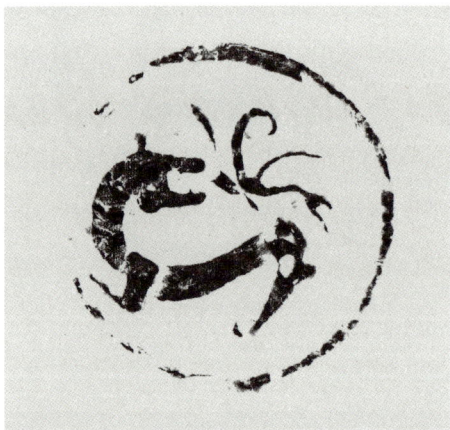

图31 战国早期虎雁纹瓦当

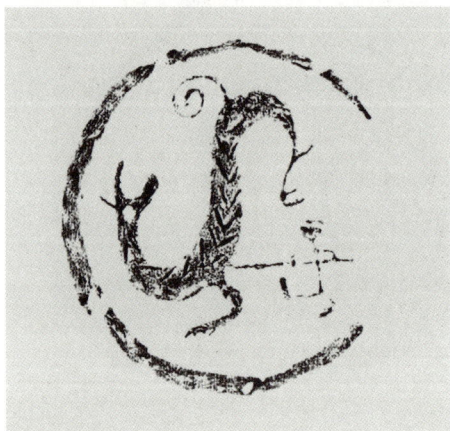

图32 战国早期秦猎人斗兽纹瓦当

② 以一种动物纹为主，辅以其他动物或植物纹。

如鹿纹瓦当，昂然而立的鹿旁，还饰有蟾蜍、鸟兽，展示了一幅生机勃勃的草原景象。

凤鸟纹瓦当（图30），主凤羽毛华美，引颈而鸣。又有四鸟闻声而来，正是《诗经》上"嘤其鸣矣，求其友声"的形象再现。

虎雁纹瓦当（图31）展现猛虎快速奔跑时突然回头的瞬间，虎口圆张，眼见一心追逐它的戏耍的飞雁即要丧生虎口。虎爪的锋利，虎头及脚部肌肉的发达，透露着森林之王的威势与敏捷。相形之下，飞雁的轻盈又显得那样无助。饿虎扑食的紧张气氛被渲染的让人透不过气来。

猎人斗兽纹瓦当（图32），原来庞硕威猛的老虎似在哀叫，小小的猎人自信地手持长矛直刺老虎的心脏，揭示游猎出身的秦人希望在猎场与战场上无往不利的心理诉求。应该指出，虎雁瓦当虎纹的颈部饰三道"V"形纹以及猎人斗虎瓦当的虎身部分也布满横置的"V"形纹，人小虎大，猎人执弓而射的造型与构图方式，皆与东方中原传统相去较远，而习见于匈奴、羌族等游牧民族的传统

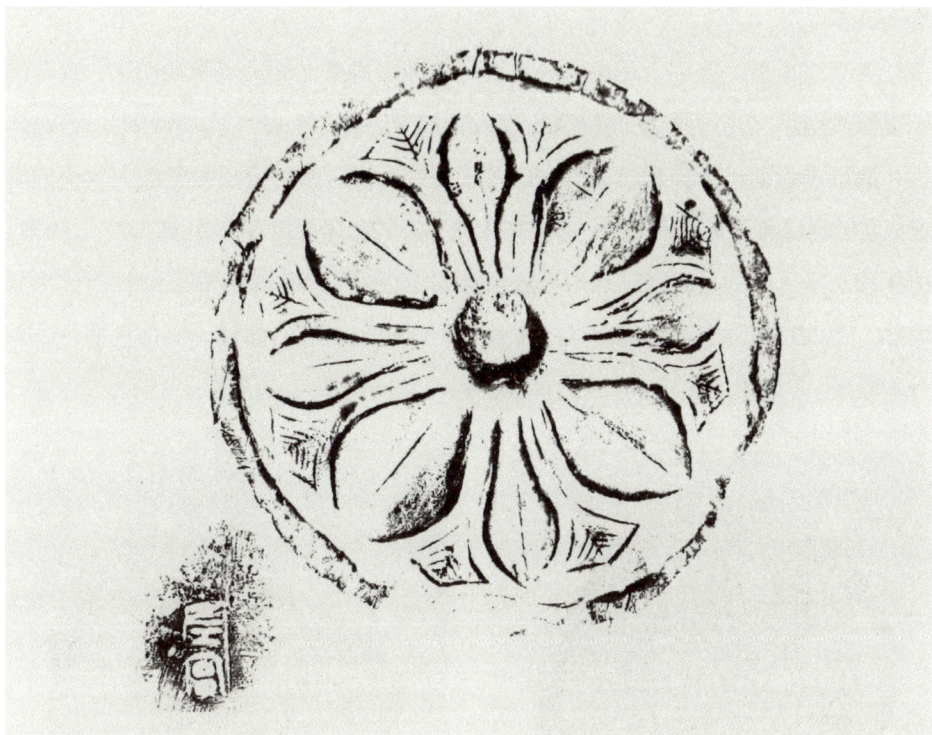

图 33 战国秦莲花纹瓦当

艺术，反映了草原文化对秦文化的某些影响。

　　③ 多个同种动物纹样构成的瓦当，如双獾、四鹿瓦当等。前述秦动物纹瓦当，当面并无界格之分。秦中晚期后瓦当渐渐确立分区模式。秦咸阳、芷阳等遗址即出土有这类瓦当。如秦咸阳宫殿遗址出土的有鹿、雁等四种八只动物组成的瓦当。

　　④ 植物纹瓦当。当面饰花叶纹，以秦雍城、西安长安区东马坊先秦建筑遗址和西安三桥阿房宫遗址出土的莲花纹瓦当最著名。传出阿房宫遗址的莲花纹瓦当（图 33），直径 16.2 厘米，莲花蓬勃绽放，生机一派。筒瓦上并印有"左宫"二字。"左宫"是左宫水省文。宫水是秦时中央督烧砖瓦的一个专门机构。瓦当上戳印这一文字，说明此瓦为左宫水主持烧制，以示负责。宫字类砖瓦陶文大量见于秦始皇陵和阿房宫遗址。戳印印章的瓦当比例较少，是秦瓦当一种特色。

　　秦图案瓦当版式极为丰富，变化多种多样，远远超过了汉图案瓦当的样式，其中最典型的是葵纹瓦当和云纹瓦当。依旧以秦雍城、栎阳、咸阳三座旧都遗址出土最多。

秦葵纹瓦当（图34）是由象征水纹的漩涡纹瓦当（图35）发展而来，或与秦人信仰"水德"有某些联系。秦晚期，葵纹瓦趋于简化（图36），在秦咸阳发现较多。

战国中晚期，葵纹瓦当又衍生出各式云纹瓦当。起初云纹图案虽大致由四组组成，但每组间并无明确的分区线（图37）。以后分区线出现（图38、39），图案、图像和文字瓦当的分四区排列的模式渐渐固定下来。如果说西汉图案瓦当已十分成熟，令人有几分单调之感，秦图案瓦当则显现出明显的朝气，变化自如，令人目不暇接。

图34 战国秦葵纹瓦当

图35 战国秦涡纹瓦当

图36-1 秦葵纹瓦当

图 36-2 秦葵纹瓦当

图 37　战国晚期秦蘑菇形云纹瓦当

图 38　战国晚期秦蘑菇形云纹瓦当

图 39　战国晚期秦羊角形云纹瓦当

简洁清新 齐鲁风范

如果说在近一千年前的北宋中期，人们已开始注意到了古代瓦当的话，那么，在此后的八百多年中，金石学家搜寻古代瓦当的目光一直聚焦于物华天宝的秦汉故地陕西。到了清代晚期，人们对陕地以外的瓦当才有了一些了解。

山东古代瓦当是古代金石学家在青睐关中古瓦的同时，余光最早波及的。这首先要归功于清代杰出的学者收藏家山东潍县人陈介祺（1813 ~ 1884 年）。收藏富甲海内的他在《簠斋藏古目》中有《十钟山房藏齐鲁三代两汉瓦当文字目》，十钟山房是因他收藏了十枚商周作为乐器和礼器的钟而给自己书斋起的斋号。在这本文字目中，他首次记载了出土于山东临淄、曲阜、诸城等地的瓦当，27 种 158 件。其中以"千秋万岁"瓦当居多，可惜的是只有文字记录，而无瓦当图形。同是山东潍县人的高鸿裁在他的《上陶室砖瓦文捃》中收录有"千秋万岁""万岁未央""工者所作""千万""大吉""大吉宜官"等瓦，多与《簠斋藏古目》吻合，亦为临淄故物。

1914 年，罗振玉辑成《唐风楼秦汉瓦当文字》，其中除他收集的部分来自齐鲁的古瓦外，注明出于山东者还有潍县的陈介祺簠斋、潍县高鸿裁辨蟫居、福山王福田齐吉金室旧藏。从文字花纹来看，如"千秋万岁""大吉宜官""春秋万岁""君宜侯王""天齐"以及树木双兽纹、树木卷云纹等，确为临淄齐故城所出无疑。

日本堀口苏山的《秦汉瓦砖集录》中收有瓦当 85 种 159 件，其中有齐的树木纹半瓦多件和"天齐"半瓦。1952 年，日本关野雄著成《半瓦当之研究》，书中收入瓦当拓片及照片 113 幅。半瓦当出土地点除了山东的临淄、曲阜、薛城、福山外，还有河北易县燕下都、陕西西安和山西夏县禹王台等。而其中尤以出土于齐国者居多，占 58 件。多为树木双兽纹、树木卷云纹等，还有一件"天齐"残瓦。他认为这些半圆形瓦当全为战国时期的产物，而 9 件齐圆瓦当被笼统指为汉代之物，对西汉还是东汉未作区分。他对齐瓦的断代，代表着当时的研究水平，并成为以后三十年中人们对齐瓦的基本认识。他根据瓦当纹样的"古老程度"，提出半瓦发源于燕下都，并由燕而影响及齐、鲁、薛、赵等国。

新中国成立后，1964 年陕西省博物馆编《秦汉瓦当》著录两品树木纹瓦当，

1987 年刘士莪编《西北大学藏瓦选集》著录 1 件树木双兽纹半瓦，俱无出土地点，当为早年流入西安之齐瓦。

1990 年，山东大学历史系教授李发林著《齐故城瓦当》，这是瓦当研究的第一部专书。1976 年曾亲自参加临淄考古发掘的他，根据考古地层，第一次明确指出过去笼统认为是战国的齐故城半瓦中有相当一部分属于西汉，齐故城的文字瓦皆为东汉遗物，并对不同时代齐地瓦当纹样的演变进行了细致的分析。稍后日本人村上和夫的《中国古代瓦当纹样研究》第二章第二节中对于春秋战国齐瓦图案抽象化的研究与李说不谋而合。李先生在书中还详细批驳了齐瓦当导源于燕文化的流行说法。

齐之得名，始于西周。商末，纣王昏乱，周武王厉兵秣马，公元前 1057 年，率虎贲（勇猛之武士）三千，直逼殷郊牧野（约在今河南新乡）。纣王多行不义，众叛亲离，只落得自焚身亡。武王克商后不久，功成而逝。其弟周公辅佐年幼的成王平定"三监"、武庚。再经三年苦战，征服了商、奄、薄姑等广大的"东土"。为了加强对全国的统治，便开始大量分封亲戚，作为拱卫西周的支柱屏障。在周初分封的七十一国中，最重要的即东方的鲁国和齐国，而最早的齐王不是别人，正是在磻溪钓鱼而名声大振的姜太公。

姜太公，姓姜，名尚，字子牙。其祖先曾因辅佐大禹治水有功，封于吕，所以他又姓吕，名吕尚。后来吕姓子孙分化，吕尚一支极为潦倒，吕尚曾到处流浪，以宰牛卖肉、卖酒为生。然而大半生怀才不遇的他还希望老来能有机会施展自己的才华，于是整日在周原附近兹泉磻溪（在陕西岐山西南，为渭水一小支流）用一个没有弯钩的渔竿钓鱼。后西出巡猎访求人才的周文王见而异之，与谈治国方略，文王大悦，以为吕尚正是周人先祖太公所企望的辅周成功之人,故号之为"太公望"，俗称姜太公。姜太公果然宝刀不老，出色地辅佐周室夺取了天下，武王并娶姜太公之女为妻。由于姜太公对建立周朝贡献最大，武王便将泰山渤海间薄姑氏故地（今山东中部和南部）封给他，建立了齐国。姜尚赶到齐地，以他独特的治国措施，仅用 5 个月便使其封国初步走上正轨，周公感叹地说："平易近民，民必归之。"

姜太公建立齐国之初，齐国的都城尚在今山东临淄之北的营丘。到了西周晚期的公元前 859 年，齐国发生内讧，七世齐王献公乃徙都临淄。直至公元前 221 年，秦国的虎狼之师打下燕赵后，一路势如破竹，杀奔临淄，齐国灭亡。此间六百多年，临淄一直是齐国都城，其遗址世称齐故城。此节我们叙述的齐瓦专指这一时期。进入西汉、东汉，临淄还是齐诸侯王的都城，其瓦当在沿袭春秋战国齐瓦独特风格的基础上，继续发展，其具体形制演变，下章还会涉及。

再说在春秋约三百年中（公元前 770～前 476 年），齐国凡历十五位国君。《国语·齐语》记载：齐襄公"食必粱肉，衣必文绣"，后宫妻妾数百，其奢华生活当以春秋齐临淄的繁荣富足为基础。

齐景公时，临淄城内已是宫室台榭广布，车水马龙。据说齐景公出行，从车达千乘之多。新中国成立后，考古工作者在临淄大城东北角的河崖头村发现当时的三个大殉马坑。马是当时先杀死后，整齐摆放于殉葬坑中的，总数达五百余匹，齐王之奢华，临淄之繁荣，可见一斑。

春秋之初，位于中原的陈国发生内乱，公子完惧祸奔齐。此为田（陈）氏立足于齐之始。到了春秋晚期，新兴地主阶级在各国都如潮水般冲击着腐朽的奴隶制，田氏成为此期齐国新兴地主阶级的代表。他们采用施恩授惠的方法，与"公室"展开争夺民众的斗争，民众"归之如流水"（《左传》昭公三年）。到了公元前 476 年，"齐国之政皆归田常"。公元前 386 年，田和列为诸侯，仍沿用齐国国号，但齐国已由姜姓变为田姓。田氏代齐是中国封建社会取代奴隶制社会这一划时代变革中的重大事件。

整个战国时代（公元前 476～前 221 年），齐国经历了姜齐宣公、姜齐康公和田氏代齐后的田齐太公等共十位国君。在第五位田齐国君齐宣王时，临淄已是当时中国最为繁华的都会，有七万户人口。当时游历列国、佩六国相印的苏秦描述临淄："临淄甚富而实，其民无不吹竽、鼓瑟、击筑、弹琴、斗鸡、走犬、六博、蹴鞠者。临淄之途，车毂击，人肩摩，连衽成帷，举袂成幕，挥汗如雨。家敦而富，志高而扬。"在纵横家的铺陈下，齐临淄的繁华跃然纸上。

1936 年，山东考古学前辈王献唐曾对齐故城作过考证研究。1940～1941 年，日本的关野雄在齐故城进行勘察，并写有调查报告。新中国成立后，临淄作为中国古代都城的重要典范，在此进行了大量考古工作。1958 年、1964 年、1976 年分别进行了勘察、普探和大面积的发掘。证明齐故城由大小两城组成，残存的两城城墙主要属战国时期。小城是宫城，位于大城西南。东西长 1.4 公里，南北长 2.2 公里。小城北部为主要宫殿区，出土有大量战国至汉代瓦当。大城为官吏和平民的居住活动区，东西约 4 公里，南北约 4.5 公里。在大城南部今刘家寨一带曾出土大量西汉初年封泥，推知为战国至汉官署所在。总之，临淄齐故城内的遗存主要是战国和汉代的，西周和春秋时遗迹较少。齐故城的发掘和研究，为我们勾勒出齐瓦当的清晰轮廓。

齐故城最早的瓦当约出现于春秋时期，这时的半瓦素面，没有图案，面径也相对较小。如 1976 年齐故城小城内桓公台出土一品瓦当，面径才 13.5 厘米。到战国之时，虽花纹在瓦当上已极为普遍，素面半瓦仍与之并行了一个时期。战国之时，树木纹是齐瓦的主要母题，极富地方特色。先师刘敦愿以为齐瓦树木纹是齐地崇祀社稷中的社神的珍贵资料。社为土地之神，稷为谷物之神，神社所在用树和石来表示。早期树木双兽纹（图 40）比较流行，后双兽上又有了骑手（图 41），这是战国时中国骑兵的兴起在艺术上的反映。树枝变化一般是枝条由少到多、由简而繁，再由多到少、由繁至简。后来这类瓦当中又相继出现了箭头纹（图 42）、三角纹和卷云纹等附加纹饰。约至战国中后期，齐树木双兽纹半圆瓦当中的双兽不见了，简单的树木纹成为瓦当的主流纹样。后树木纹进一步简化，形

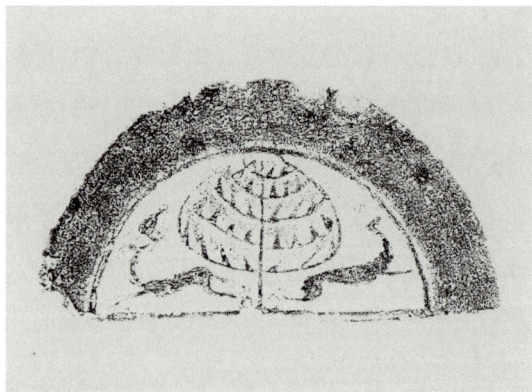
图 40 战国齐树木双兽纹瓦当

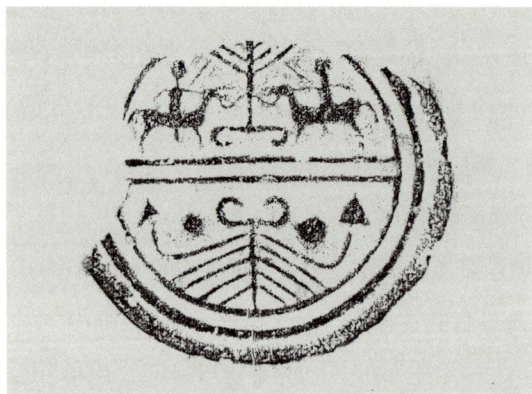
图 41 战国齐树木双骑纹瓦当

成羊角形树木纹。到了西汉，齐瓦纹样的抽象与简化继续进行，过去风格极明显的树木双兽纹简化到简单树木纹，再加入许多关中和洛阳地区的云纹装饰手法，形成云纹瓦当（图43）。齐故城的瓦当从战国到两汉不断地简化抽象，最终趋同于全国大致相仿的云纹瓦，这既是艺术演变无形之手的作品，也是齐从割据东方的战国七雄之一到两汉大一统帝国中一个从属中央的地方行政单位这一历史巨变的曲折反映。

树木双兽纹半圆瓦当流行于战国初期，一般面径在15～17厘米之间，瓦周有一道或两道弦纹。双兽多为马（图44），也有双虎、双鸟（图45）、双蜥（图46）等等。此类半瓦双兽往往形态各异，如树木双鸟纹中，双鸟或俯视下方，专心致志；或引吭高歌，生机勃发；或正视前方，安详平静。树枝式样也不尽一样，数目有2～8对不等。大部分树枝为简单直线，也有少数略具圆式，有的还在树枝上排列

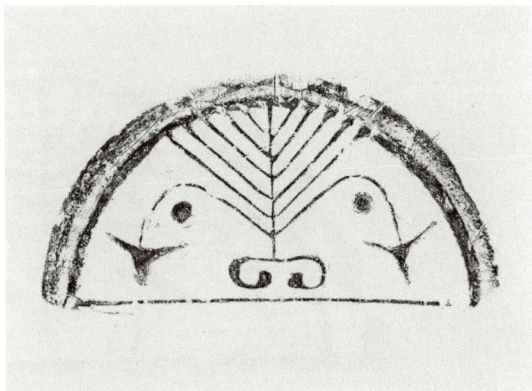

图 42 战国齐树木箭头纹瓦当

图 43 汉云纹瓦当

图 44 战国树木双马纹瓦当

图 45　战国树木双鸟纹瓦当

许多三角纹（图 47），以象征树叶。

　　树木双兽纹演变出两类纹样：一类即树木双骑纹（图 48）。双骑有都面向中央的，也有都面向右方的。双骑纹有时也搭配一些箭头纹、三角纹或卷云纹等。

　　战国中期，沿着瓦当纹饰不断简化的轨迹，树木纹两侧的比较写实具象的双兽或双骑不见了，代之填充的是抽象的卷云纹、乳丁纹（图 49）、箭头纹（图 50）、方格三角纹（图 51）、方格乳丁纹（图 52）等。此期还有一些颇为罕见的纹样，如1965 年，临淄崖付庄 1 号灰坑出土了一面套叠空心三角纹半瓦。参照于此，京华路氏梦斋收藏的称为齐祭坛纹的半瓦（图 53）亦当为战国之物。

　　战国齐瓦以半圆形为主，但也有少量圆瓦。早期的圆瓦多是由两个图案相同的半圆瓦组成，图案与同期流行的半瓦图案一致（图 54）。这给我们一个重要启示：半瓦是用圆瓦范制成，然后从中一切为二，得到两块半瓦。当人们发现制作方便

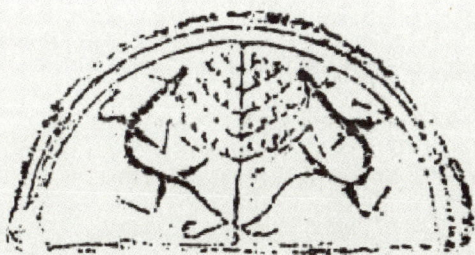

图 46 战国树木双蜥纹瓦当

图 47 战国树木双兽纹瓦当

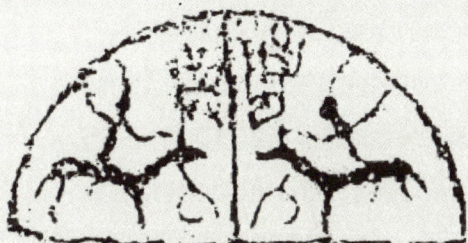

图 48 战国树木双骑纹瓦当

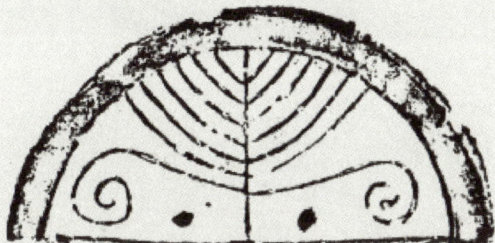

图 49 战国树木卷云乳丁纹瓦当

图 50 战国树木箭头纹瓦当

图 51 战国树木方格三角纹瓦当

图 52 战国树木方格乳丁纹瓦当

图 53 战国齐祭坛纹瓦当

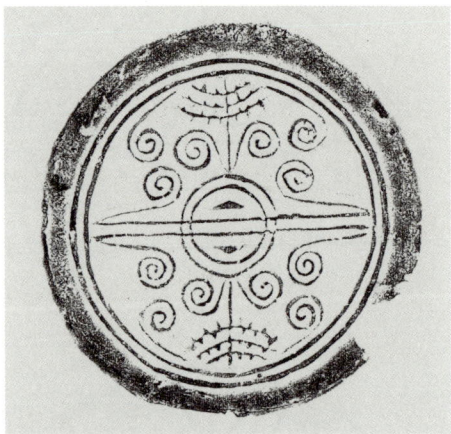

图 54　战国齐树木云纹瓦当

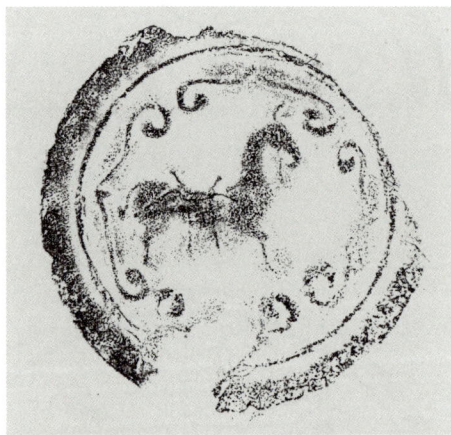

图 55　战国齐马纹瓦当

图 56　西汉云纹瓦当

的半圆瓦当只能遮护椽头的上半面，而下半面依然有风雨侵蚀之虞后，便在一些更为重要或特殊的宫殿建筑上采用了圆瓦。即在瓦当接上完整筒瓦之后，在做纵向切割时，不像以往做半瓦当时直接切透，而是切至当背时，转为横切，截去半截筒瓦，从而保持了瓦当的完整。由于早期的圆瓦是由制作半瓦的范制成，只是在筒瓦切割上做了一些改进，所以早期圆瓦虽当面面积增加了一倍，但人们还没有意识到可以在这完整的较大的面积上（是圆而非半圆）做出更符合这一形式（圆）的丰富图案。所以到了战国晚期，也许是受到圆瓦发育已十分完善的秦国和赵国的影响，齐国也出现了利用完整的圆面构图的圆瓦，其纹饰有马纹（图 55）、卷草乳丁三叶纹等。如果说这些战国圆瓦还颇富齐地特色的话，降至西汉，其圆瓦中饰网纹，四区饰云纹的特点（图 56），已与西汉三辅（今陕西关中）地区的瓦当风格十分接近了。

　　鲁国也是西周实行分封之初，在东方奄的故地建立的封国。由功高盖世的周公受封，但周公留在朝中辅佐朝政，由长子伯禽就国。当时鲁国是代表王室镇抚徐、奄、淮夷以及僻远

图 57 战国鲁故城圆瓦当（摹本）

"海邦"的东方大国。春秋之时，鲁国已渐衰落，但较多地保留着周的文化传统。到战国时，公元前 256 年，为楚国所灭，前后延续了八百多年。

鲁国建都于曲阜。1942 年日本人曾在曲阜鲁故城进行试掘，著有《半瓦当之研究》的日本人关野雄当年曾参与其事。1977 ~ 1978 年，山东博物馆对鲁故城进行了详细的勘察和发掘。证明鲁都曲阜呈四角略圆的横长方形，城墙长 12 公里，宫城居郭城中心，与东周都城宫城常偏居郭城一隅有所不同。

曲阜鲁故城虽北距临淄齐故城不远，但瓦当风格相距甚远。鲁故城出土半圆瓦当极少，20 世纪 70 年代曾出土一件素面半瓦，直径 14 厘米，当为战国早期之物。可见春秋战国之交，各国普遍开始使用瓦当时，半圆形素面瓦当颇为普遍。俄国著名学者普列汉诺夫早就指出：大凡事物发展，人们最初总是站在实用的立场上，后来才加以审美的考虑。瓦当纹样演化从素面转为当面模印花纹乃至文字也证明了这一点。20 世纪 40 年代，鲁故城还出土了个别树木纹半瓦，纹饰类似齐瓦，显然是受到了后者的影响。

鲁故城瓦当中更常见的是圆瓦当。其战国圆瓦较接近于秦瓦，当面饰反云纹，当心为四叶或网格纹（图 57）。当面的反云纹直至东汉一直都没有大的变化，当心纹饰至西汉前期则由战国的四叶纹和格纹变为莲籽纹，西汉后期则代之以圆饼，并沿用至东汉。

狞厉森然　燕赵古韵

战国末年，不甘为附庸的秦王嬴政从吕不韦、嫪毐手中夺回统治国家的权杖，开始施展他包举宇内、并吞八荒的勃勃雄心。于是，战国的政治舞台上不久便战云密布，秦军的马蹄声与喊杀声一步步逼近列国的大门。公元前 230 年，秦军围困韩都，生俘韩王。仅过了两年，秦军又长驱直入邯郸，赵王被迫拱手献上赵国的地图。只有赵公子嘉率其宗族数百人逃到赵的代郡（今河北蔚县一带），自立为代王。秦军乘胜追击时，把战火烧到了燕国西南的边境上。

这时在燕都武阳的恢宏宫室中，燕太子丹为国家将临的灭顶之灾寝食不安。无奈中决定铤而走险——派荆轲刺杀秦王。这天早晨，肃杀的秋霜还笼罩着幽燕大地，燕都的大门缓缓开启，壮士荆轲迈着坚毅的步伐昂然而出。送行的太子及荆轲的好友深知荆轲此去凶多吉少，都穿戴着白衣白帽，心情十分沉重。出城不远，就要过易水（围绕燕都的一条河）了。在这诀别之时，朋友为他弹起了琴，送行者都忍不住流下了眼泪。荆轲上前一步，和着琴声，慷慨高歌："风萧萧兮易水寒，壮士一去兮不复返！"遂登车而去，终已不顾。

荆轲到了秦都咸阳，秦王政闻说燕国派人送来秦叛逃燕国的樊於期将军的首级和燕国督亢的地图，大喜，传令在咸阳宫接见燕使。于是荆轲和他的随从秦舞阳缓缓步入秦朝廷。秦舞阳是燕国有名的勇士，这时也为秦廷的仪威所震慑，只有荆轲神情自若。秦王迫不及待地要看燕国的地图，荆轲前趋，将手中的地图慢慢展开。地图展至最后，秦王正贪婪地看着自己觊觎已久的燕国地图，突然发现地图最后竟裹藏着一把锋利的匕首。说时迟，那时快，秦王还没有反应过来，荆轲早已左手拽住了他的衣袖，右手迅雷不及掩耳地操起利刃，刺将过去。可惜慌乱中，并未刺中。秦王大惊，转身抽剑，袖子已被荆轲扯掉，剑竟也拔不出来。荆轲再次扑上，秦王只能环柱而走，在场的所有人都被这突如其来的场面惊呆了。按照秦法律，群臣上朝不准携带兵器，卫兵在殿下，非有秦王之召，不得上来。正在众人不知所措之时，秦王的医生夏无且以其所带药囊掷向荆轲，这时众人才如梦方醒，大叫："大王背上有剑！"秦王迅速拔出负剑，砍断荆轲左腿，荆轲摔倒在地，仍奋力将手中的匕首掷向秦王，不中，匕首扎在秦王身边的柱子上。秦王上前又向荆轲连刺八剑。荆轲自知必死，乃倚柱长啸，大骂秦王说：要不是我想生擒你，你今日必在劫难逃啊！这时秦王的卫兵扑将上前，将荆轲乱刀砍死。

荆轲事败，秦王怒不可遏，马上命令陈兵燕国边境的大将王翦迅速进兵，踏平燕国。秦军扑向燕都，在易水以西大败燕军。公元前 226 年 10 月，攻下燕都蓟，燕王只好北逃辽东，杀太子丹向秦军求和。公元前 222 年，秦军在灭亡魏、楚之后，还是不留情面地最后将燕赵残余一网打尽了。

燕太子丹的计划虽未成功，但荆轲刺秦王的义举却为后代不断吟咏传颂，于是有了"燕赵自古多慷慨悲歌之士"的说法。两千多年后，人们不禁要问，荆轲拼死捍卫的燕国到底是怎么回事？当年易水之畔，壮士慷慨悲歌面对的燕都又在何方呢？

西周初年，周王室为了加强控制燕山南北和辽西一带的戎狄部落，封召公奭于蓟，建立燕国。和周公一样，由其长子就国，任第一代燕侯。春秋之时，为少数民族戎狄阻绝，边远的燕与中原华夏各诸侯国往来较少。战国之时，燕有较大发展，著名燕将乐毅曾一度率燕等五国联军长驱直入，攻下齐都临淄（公元前 284 年）。但总的来说，在战国七雄中燕还是实力较弱的国家。

西周建立的燕都蓟城，在今北京城的西部。1957 年，在北京外城西面的广安门外，发现厚一米多的先秦文化层，其中发现一面直径 18 厘米的饕餮纹半瓦当残片。1972 年，北京韩家潭出土两面饕餮纹半瓦（图 58），并伴出有标准燕国货币明刀。这些华美森然的燕瓦当绝非寻常百姓可有，证明当年这一带有大规模的战国燕宫殿。之所以早期燕都蓟城的瓦当发现远没有晚期燕都武阳发现的多，是因为蓟城所在后期人口繁密，又有元、明、清三朝为都，后世建筑将残存地表及埋藏很浅的瓦当及战国建筑遗迹破坏殆尽。而武阳在今河北易县东南，后皆为农田所掩，故瓦当保存很多。蓟城的位置还得到从北京外城西部到内城西南隅的大量战国至西汉初年的水井遗迹的佐证。

大约在战国晚期燕昭王时期（公元前 311 ～前 279 年），燕国又在蓟城西南不到 70 公里的武阳开始营建新的都城，于是燕国有了两个都城，蓟为上都，武阳为下都。公元前 222 年秦灭燕，辉煌近百年的燕下都终在秦军的铁蹄下化为废墟。

图 58 战国燕都蓟城出土的饕餮纹瓦当

　　燕下都的考古工作始于 1930 年以马衡为首的燕下都考察团对老姆台的发掘。1957 年、1958 年、1961 年，考古工作者又对它进行了多次详细的勘察，其城市的布局和瓦当的分布基本搞清。古城平面呈长方形，位于北易水和中易水之间。东西长 8 公里，南北宽 4 公里，是战国都城中最大的一座。城市分为东西两部，其中东城为燕下都主体（内城），城内分宫殿区、居民区、手工业区和陵墓区。从老姆台到武阳台一带分布有许多建筑基址，出土有许多燕典型风格的半瓦当等建筑遗物，显为当年燕都的心脏——燕王盘踞的宫殿区。

　　大凡事物的发展，莫不由简单而复杂，由低级到高级，由最初的纯为实用到后来在实用的基础上渐趋美化。燕国早期的瓦当出现于春秋之时，与齐国瓦当一样，最初为素面无纹的半瓦当。到了战国中晚期燕瓦出现了自身强烈的特色，图像、图案瓦大兴，其中尤以各类饕餮纹半瓦数量为多（图 59）。从现有资料看，主要发现于燕下都的宫殿区，前举北京发现的两件燕上都蓟城饕餮纹半瓦应与燕下都瓦当时代相近，因蓟城在战国中晚期一直与下都武阳并行，直到燕亡。

　　饕餮纹实际上是一种兽面纹，它以庞硕的大口、直挺的鼻梁、炯炯的双目、盘曲的两角为主干。这种神异之兽究以何种动物为原形尚说法不一，学者多以为牛。此牛不可等闲视之，现代民俗学对我国西南少数民族原始风俗的调查表明，牛头作为巫术宗教仪典的主要标志，被高悬于树梢，对该氏族部落有极神圣的意义和不可言传的保护力。牛是原始祭祀仪典的符号标记，所以在混沌初开，人们对自然界及社会运行许多现象无法解释，对一种想象中的超自然力量有着深深的敬畏的夏、商、周三代，以牛形象演绎出的饕餮纹正象征着这种深不可测的神秘原始力量，广泛而郑重地出现在当时用于祭祀的青铜礼器上，而其他生活用具如铜镜等上则没有见到。

　　饕餮纹最早出现于文明曙光已依稀腾起于地平线上的原始社会晚期。在同处于这种军事民主制时期的浙江良渚文化的玉琮和山东龙山文化的玉锛等玉礼器上最早见到了这种神秘符号。在祭祀占卜之风盛行的商代，饕餮纹也达到了它的鼎盛时期（图60）。到了西周中期以后，流行千余年的饕餮纹又悄然消失了。关于这种纹饰的最早记载见于《吕氏春秋·先识》，原文曰："周鼎著饕餮，有首无身，食人未咽，害及其身，以言报更也。"这句出于两千年前先秦典籍上的话的原意已很难详解，但其"吃人"这一基本含意则是明确的，这与它恐怖森严的形象是一致的。从约相当于黄帝时期的新石器时代晚期直到夏、商、周初，历史就是在

图59 战国燕饕餮纹瓦当

图 60 商青铜器上的饕餮纹

你征我伐的兼并战争中前进。胜利者每每杀俘以献祭于本族先王庙前，在他们看来，在作为这种仪式中的重要礼器上刻铸饕餮纹，既能威慑敌人，又能庇护本氏族部落。这种狞厉森然的纹饰折射着混沌初开的那一段血与火的历史，积淀着一股一往无前的深沉的历史力量。

令人不可思议的是，在西周晚期（约公元前 800 年），已销声匿迹的饕餮纹在四五百年后的战国晚期（约公元前 300 年）燕国皇家宫殿的瓦当（图 61）上又奇迹般地复活了。以前它每每出现在国家（或部落）宗庙或宫殿中的重要礼器上，现在又出现在同样令人战战兢兢、不敢仰视的国王巍峨宫殿的屋檐上，这似乎有某种类似之处。但何以至此？是因为燕为周初所封，后因戎狄阻隔，与中原联系较少，较多地保留了商周旧俗，如历史上常见的中原"礼失而求诸野"呢？还是与后世兴起的铺首有何关系？我们还不得而知。

燕下都的饕餮纹半瓦当的纹饰大概可分为两类。一类显然直接从商周青铜器上的饕餮纹中"拿来"，直径一般在 16 ~ 26 厘米之间。它的正面主体为一饕餮兽面，上部翻过来为两个对称的回首顾尾的虎（或狗），而且尾部还巧妙地利用了饕餮的双角，可谓匠心独运。这种饕餮纹与其他动物纹穿插组合（图 62）的传统亦源自商周铜器纹饰。引用的这件瓦当残瓦筒上还有"左宫正惟"的印迹。左宫为当时管理制陶业的机构，左（右）宫某之类的印迹还常见于燕下都出土的鬲、釜、豆、盂等陶器，而且"宫"字下两口多呈倒置三角形，风格十分一致。这种瓦当还有在图案边沿另附一道单线的，更增添几分富丽的风采。由这种正规饕餮纹再趋简化，省去一些辅助花纹，只保留纹饰的主要部分，当面空疏中显得有些简率，最后演

图61 战国燕饕餮纹瓦当

化出山形饕餮纹。由此再进一步发展，则变为完全抽象的山字形纹（图63）。在燕下都，山字形纹不仅饰于半瓦当之上，而且有时还施于砖上。燕山字形纹瓦当还影响到当时的齐和秦，如西安三桥就出土过许多类似半瓦。与燕不同的是，燕山字形纹瓦当上的云纹与边轮相连，而秦山字形纹瓦当云纹则直接与山形相接。在图案瓦中，燕下都有一种窗棂纹（又称曲折纹）半瓦（图64），直径一般在17～18厘米，它处不见。

另一类饕餮纹半瓦纹饰，除重点保留兽面的双目外，相

图62 战国燕下都饕餮纹半瓦当

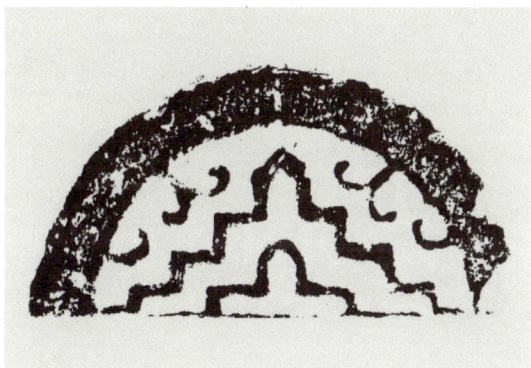

图63 战国燕山字形纹半瓦当

配的其他纹饰更多吸取了战国时代青铜器上蟠螭纹的特点，繁缛、精致、华丽，富于动感（图65）。

　　燕下都半瓦纹饰除饕餮这种神异之兽外，还有其他一些动物纹，如龙（图66）、鸟（图67）、兽、鹿等。这类动物纹往往在瓦当上成双相对，也有个别瓦当当面只饰一个兽（图68）。

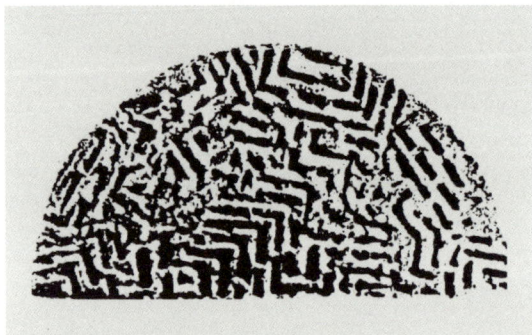

图64　战国燕窗棂纹半瓦当

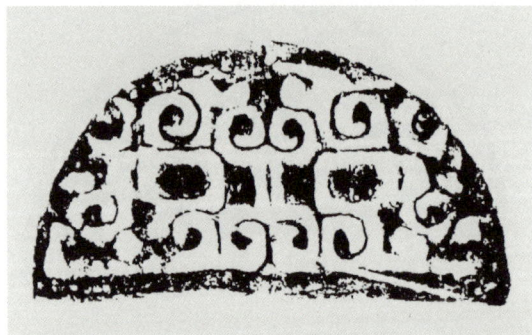

图65　战国燕饕餮纹半瓦当

图66　战国燕龙纹半瓦当

　　前面说过，燕立国后，长期处在山戎等北方游牧民族之中，北方游牧民族势力之强，甚至影响到燕与中原的联系。考古学家在燕国境内时常发现与燕赵铜器颇不相同的具有北方草原动物纹特色的铜器，有的考古学家称之为"鄂尔多斯式青铜器"。甚至在内蒙古杭锦旗还发现了早期匈奴墓，在河北怀来甘子堡、滦平苍子沟也发现了山戎墓。这些以游牧为生的北方少数民族活动于燕国周围乃至内部，不可避免地将其文化渗入到燕文化中。上面所举燕动物纹瓦即北方草原地区动物纹影响燕文化的实例之一，甚至在完全源自中原的饕餮纹瓦中也露出了这种痕迹。如饕餮纹上部双兽的前爪作环钩形，此即北方草原动物纹的特征，这种特征在同样受到北方动物纹饰影响的秦动物

图 67 战国燕鸟纹半瓦当

图 68 战国燕单兽半瓦当

纹瓦中也能看到。

春秋晚期，延续一千多年的奴隶制大厦开始动摇，各国新兴地主阶级都先后潮水般地对奴隶主贵族发动了进攻。齐国发生了"田氏代齐"，古老的晋国则发生了"三家分晋"。公元前403年，周王室承认晋国崛起的韩、赵、魏三家为各自独立的诸侯，原来的晋国不复存在了。

赵国原都于晋阳，后迁都中牟，公元前386年迁于邯郸。1940年，日本考古学家原田淑人在邯郸故城调查，试掘时，发现了战国的四叶走兽纹圆瓦当。20世纪70年代，邯郸故城考古工作深入展开，使我们对赵国瓦当有了进一步的了解。赵国瓦当多为泥质灰陶，与燕瓦普遍加砂不同。赵瓦当与燕瓦当尽为半圆形不一样，半瓦较少，圆瓦占大部分。主要为素面瓦当，有圆形、半圆形两种。后主要是云纹（图69）、变形云纹（图70）和变形山纹（图71）等。其中云纹圆瓦当与洛阳东周城址出土的战国时期云纹半圆瓦当几乎完全相同。从瓦当的异同可以看出，战国之时，中原对偏南的赵国的影响远较偏北的燕国多。

邯郸故城的云纹圆瓦当纹饰基本沿用至汉代，只是当心纹饰变化较大，除继续沿用战国时期的四叶纹外，又出现了莲籽纹、圆饼纹等，当面主体花纹与洛阳地区相近。

总之，战国之时是瓦当普遍流行的第一个繁荣期，此期以秦、齐、燕三大体系的瓦当最富地方特色，成就亦最高。其他地区难以望其项背。

公元前771年，宠爱褒姒、随意烽火戏诸侯的周幽王失去了昔日的潇洒，当犬戎等部真的兵践宗周（今西安附近），周幽王的烽火再也没有招来诸侯

图69 赵云纹瓦当

勤王的一兵一卒，西周灭亡了。第二年，周王室仓皇东迁洛邑，揭开了大国争霸的东周时代。虽然整个东周时期，洛邑至少在名义上还是全国的政治中心，但"礼乐征伐自天子出"只能是周天子脑中的美好回忆了。在诸侯一次次的"问鼎"声中，周王室苟延残喘，终于在战国晚期的公元前256年为秦所灭。

洛阳地区的东周瓦当就像衰落的周王室一样，简陋而缺乏大家气派（图72）。在春秋晚期，秦、齐等诸侯国已使用瓦当，但我们还看不到周王室有瓦当的证据。战国早期，洛阳有了饕餮纹半圆瓦当，这虽源自商周铜器纹饰，但已大为简化。到战国中晚期则进一步发展为变形饕餮纹和"V"形纹。"V"形纹吸纳了关中云纹的一些特点，形成战国晚期洛阳地区流行的蘑菇形云纹，继而

图70 赵变形云纹瓦当

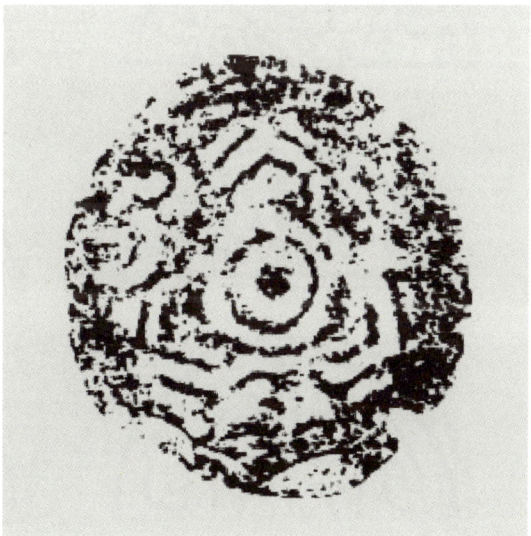

图71 赵变形山纹瓦当

再派生出蘑菇形连云纹瓦当。此后洛阳地区瓦当纹饰之变化主要反映在当心纹饰的变化上。战国晚期，洛阳地区仍然是半瓦当的一统天下，其当心多半为半圆饼纹饰。

湖北是浪漫飞扬的楚文化的故乡，但这种充满原始活力的文化并没有在其国的瓦当上留下能与屈原的《离骚》匹配的惊世之作。当春秋中期，这里出现中国

图 72 洛阳东周瓦当（摹本）

最早的圆瓦当时，其表并无纹饰。直至战国中期以前，这种素面圆瓦当一直流行于楚地。虽个别瓦当亦偶饰图案，但仅见于当心，如湖北江陵著名的楚郢都遗址的古井中出土的花朵纹瓦当即属此例。战国中期以后，楚地反而流行起半圆形瓦当来。可分为素面、图案、图像三种。楚郢都和安徽寿县寿春故城（战国晚期楚都）遗址出土的半圆瓦当以单线条卷云纹为主，布局多用对称之法，也有少数为桃纹双叶、或由桃叶纹与"S"纹组成的瓦当图案。此外还有几何纹、树木纹等。这些图案线条疏朗，受洛阳东周王城和临淄齐故城半圆瓦当图案风格的影响较大。战国晚期，图案、图像圆瓦仅见于楚国的一些大型建筑上。在安徽寿县柏家台楚寿春故城大型建筑遗址中出土的风云纹圆瓦当上我们终于看出了一丝浪漫的楚文化的特点，而同出一地的羊角形云纹则与战国秦的羊角形云纹瓦当纹饰相近。在其他一些楚国重镇如鄂王城遗址出土的"S"纹半圆瓦当上我们也看到了类似的情形。这些楚瓦的纹饰已与楚固有的纹饰风格相去较远，反而与关中和中原地区的同类瓦当有更多的相似之处。战国晚期，秦文化对楚地的渗透于楚国来讲应是一种不祥之兆。

近年河北平山中山国遗址出土大量半圆瓦当，成熟的乳丁纹和兽纹给人留下深刻印象，水准甚高。

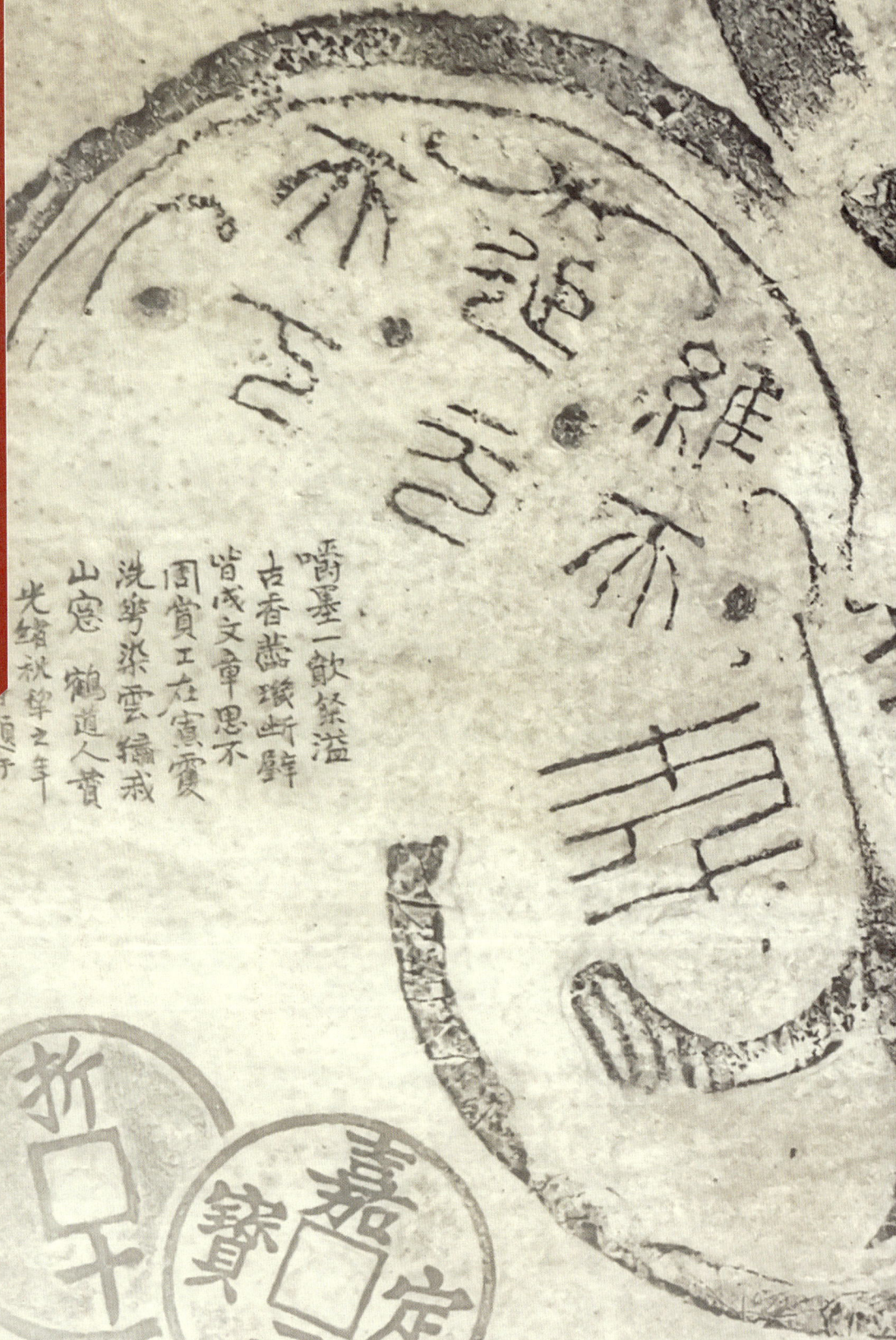

嚼墨一飲縈溢
古香蠤璨斷壁
皆戍文章思不
圈賞工在宸霞
洗坴染雲緝戒
山窟　鶴道人賁
光緒秋嫴之年
　　題于

绚烂夺目 如日中天

——两汉时期的瓦当

两汉时期，特别是西汉时期，是继战国、秦以来，中国古代瓦当发展的第二个高峰。它的最重要标志是西汉中期偏早期文字瓦当的出现。

汉代文字瓦约出现于西汉景帝之时，至西汉中晚期则大行其道，几有取代图案、图像瓦当之势。当时文字瓦当广泛施用于京畿的皇家宫阙直至边远的地方官署。以"长生未央""长生无极""长乐未央"之类的吉语为主。文字从 1～12 字不等，尤以 4 字为多，因圆形展开，挪让、省简，各尽其态。篆书的成功变形而产生的"有意味的形式"，令人叹为观止，受到唐宋以来历代金石学家的青睐。

汉代的图案瓦当与秦代相比更趋规范，以各式云纹为主。图案瓦当虽已不多见，但雍容堂皇的四神瓦当却一枝独秀，堪称图像瓦当的压卷之作。

云纹盛行的图案瓦当

西汉初年是图案瓦当一统天下。秦瓦的烙印仍十分强烈，如汉长安城出土的变形葵纹瓦当（图 73）几与秦瓦无异。同时常见的涡纹瓦当（图 74）、连云纹瓦当（图 75）莫不展现出向汉式云纹瓦当过渡的特征。

汉长安城还出土一种西汉山云纹瓦当，十分别致，实际上可以对切为两个山

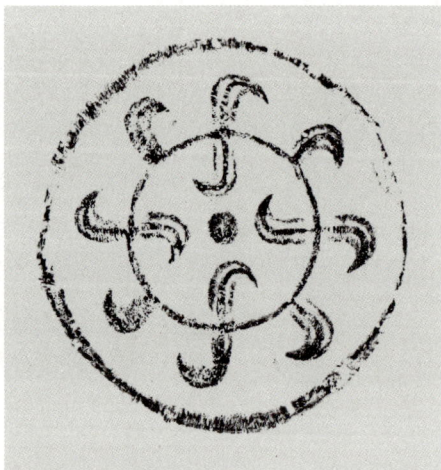

图 73 西汉初期变形葵纹瓦当

图 74 西汉初期涡纹瓦当

图 75 西汉初期连云纹瓦当

图 76 西汉山云纹瓦当

图 77 西汉初期云纹瓦当

图78 西汉中晚期云纹瓦当

云纹瓦当，可以说是由战国半瓦当向圆瓦当进化的可贵标本。

以后云纹瓦当（图76）大行，在西汉一代，比例约占到百分之七十左右。云朵形云纹瓦当当心纹饰有两种最典型的形态。一种是当面为双十字划分，当心被分为四部分，每一部分都加入三角形（图77），此类时代较早。一种是当心在半球形当心周围饰以一周连珠纹（图78），当背皆不见

图79 洛阳地区的汉云纹瓦当（摹本）

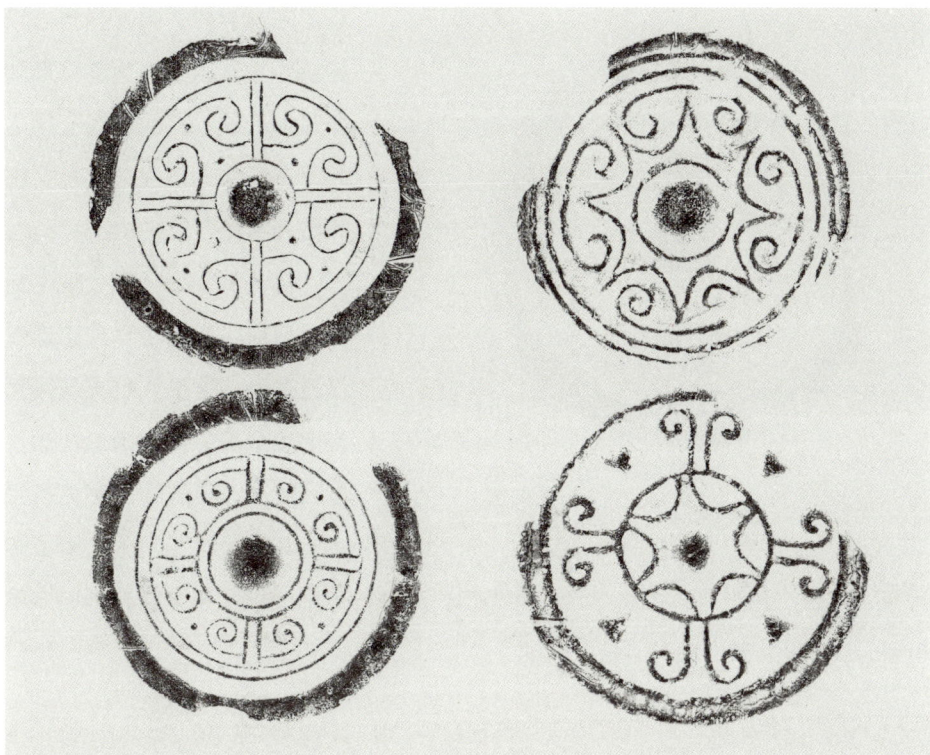

图 80 西汉齐地云纹瓦当

切当痕迹，此类时代略晚，流行于西汉中晚期。

以上为西汉京畿（陕西关中）地区云纹瓦当的大体样貌。

以洛阳地区的为代表的河南地区云纹瓦当，在西汉前期以蘑菇形云纹瓦当为主。这时的瓦当有半圆形和圆形两种，云纹瓦当的当心为双叶和四叶纹。到两汉之际，当心多以圆饼为饰，东汉时代又在当心圆饼之外增设一圆圈，这类瓦当在东汉晚期极为流行（图 79）。

到了东汉晚期，当面仍为简化的蘑菇形连云纹，在云纹的外圈还增设一周三角纹或变形的绳纹。这种特点的形成，有人研究认为可能是受到了西汉晚期关中地区流行云纹瓦当中栉齿纹的影响。曹魏时期的洛阳地区仍然使用这种纹饰的瓦当。

西汉时代，齐地的圆瓦当开始增多，在大一统历史背景下，大量的圆瓦当开始使用与陕西关中秦汉云纹瓦当相同的卷云纹，其当心纹饰亦仿前者（图 80）。

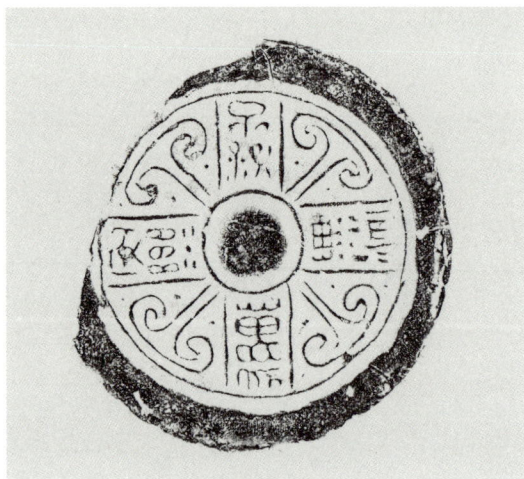

图81 东汉"千秋万岁安乐无极"瓦当

到了东汉时代，圆瓦当当心以圆饼为主，当面多为蘑菇形和羊角形云纹，有的瓦当云纹之间并有文字，形成云纹与文字相结合的瓦当（图81）。

福建地区的汉代云纹瓦当，目前主要集中发现于崇安汉城遗址。这里共出土汉代瓦当七百余品，均为圆形瓦当，以云纹、云树纹和文字瓦当为主。其中云纹瓦当分为阳云纹瓦当、阴云纹瓦当和云树纹瓦当三种类型。当心以双阳线做十字分割，再加饰羊角型云纹和乳钉纹，独具一格（图82）。

图82 福建地区汉云纹瓦当

四神瓦当的卓然风采

如果说战国时期图像瓦当多姿多彩，是瓦当艺术第一个鼎盛时期，那么，西汉文字瓦当的流行与四神瓦当的出现则成为瓦当艺术第二个高峰时期的标志。

四神（青龙、白虎、朱雀、玄武）在古代分别代表天上东、西、南、北四个方位的星宿，战国时期已经有了关于四神的明确记载。汉代，人们更深信四神与天地万物、阴阳五德关系密切，有护佑四方的神力，故此，颇为好古的王莽特以四神瓦当装饰其宗庙，祈望以此驱邪镇宅，保佑宗庙乃至社稷江山永固。四神瓦当有多种版别（图83、84），都构图雍容堂皇，制作精致，艺术水准极高，为今人广泛应用于装饰图案设计中，堪称瓦当家族中的天王巨星。

而出自汉长安城南郊王莽九庙遗址的四神瓦当中最为人们熟知的一种（图85）。

20世纪50年代末，在今西安市西郊枣园、阎庄一带，考古工作者发掘了一组王莽时期的建筑遗址。该遗址位于汉长安城西安门、安门以南1公里处，由11个大小相仿的"回"字形建筑组成，每组建筑都是由中心建筑、围墙、四门和围墙四隅的曲尺形配房组成。围墙平面呈方形，边长270米，中部各开一门。四神瓦当正是当年这些四门门楼上所用。《汉书·王莽传》记载，地皇元年（20年），王莽坏拆长安城西苑中的建章宫等十余所宫殿，"取其材瓦，以起九庙"。九庙"穷极百工之巧……功费数百钜万，卒徒死者万数"，地皇三年正月终于告竣。可惜这时新莽王朝已是山雨欲来，次年九月，绿林起义军在一路攻陷洛阳的同时，另一路已将长

图83 汉玄武瓦当（陕西西安北郊坑底寨村出土）

图 84 汉青龙瓦当（陕西西安北郊坑底寨村出土）

图 85 王莽四神瓦当

安城围得铁桶一般，起义军掘了城外的王莽妻子父祖的陵墓，"烧其棺椁"，并将长安城南的九庙、明堂、辟雍诸礼制建筑付之一炬，"火照城中"。十月一日，城破，三日，王莽被杀。

由此可见，王莽耗费巨大人力、财力修建的九庙，拆用了长安西苑十余所宫殿的材瓦，而九庙每组建筑围墙的四门专门特制了全新的四神瓦当，即东门使用青龙瓦当（图 86），西门使用白虎瓦当（图 87），南门使用朱雀瓦当（图 88），北门使用玄武瓦当（图 89）。可惜这些瓦当使用不足一年便被绿林军付之一炬。

由于这种四神瓦当为王莽九庙专用，历时极短，又遭到了刻意而彻底的破坏，故它的存世量是相当有限的。而从工艺技术角度讲，王莽时期的工艺技术水准即

图 86 王莽青龙瓦当

图 87 王莽白虎瓦当

图 88 王莽朱雀瓦当

图 89 王莽玄武瓦当

使在本来水平已经很高的两汉时期亦属上乘，莽钱、莽印如此，四神瓦当亦如此。这种瓦当边轮宽厚，庞硕雍容，图案富丽，模印精工，火候均匀，无愧秦汉瓦当之翘楚。故瓦当收藏自清代勃兴以来，四神瓦当一直是瓦当收藏家梦寐以求的无上上品。就秦汉瓦当故乡——陕西而言，拥有这种品级的成套四神瓦当的国有文博收藏机构亦不过陕西历史博物馆、西安博物院等数家。私人藏有四神瓦当中的一二种甚至半块残瓦的已足为藏友艳羡，全套完整藏于民间者屈指可数。

祈福致祥的文字瓦当

瓦当可分为图像、图案、文字瓦当三类。文字瓦当出现最晚，但人们对它的兴趣却发生最早，也最执着。

如果说在唐代人们由于对陶砚的喜爱而最早注意到瓦当，那么到宋代，在《渑水燕谈录》《东观余论》中，我们就见到了对古代瓦当最早的明确记载。两书记载了秦汉羽阳宫遗址和西汉武帝益延寿宫出土的几种文字瓦，并做了考证和推论。宋代是我国传统金石学大兴的时代，作为现代考古学的前身，它偏重于著录和考证古代之文字资料。所以，宋人率先注意到文字瓦当，而对无字的图像、图案瓦当不著一字是可以理解的。这一现象一直持续到民国时期。晚清杰出金石学家罗振玉关于瓦当的集大成之作《秦汉瓦当文字》，光从书名便知文字瓦在其中的统治地位。此书中只有极少的图像和图案瓦当。近七十年来，现代考古学全面展开，但文字瓦当如日中天的地位并不曾从根本上受到撼摇。

从西周最早出现重环纹瓦当起，瓦屋几乎一直是为统治者所享用，寻常百姓"屋上无片瓦"（北宋梅尧臣《陶者》），史不绝书。统治者巍峨宫阙的檐上，瓦当一直随时代不停地变换着各式的图像与图案，有些图像和图案可能还寄托着统治者良苦的用心。但对观者而言，要了解其意并不容易。所以，在瓦当上直接用文字表明君王之意及祈福致祥的心态最为直接和一目了然，于是文字瓦当的出现成为必然。

文字瓦当究竟出现于何时，众说纷纭。宋人或以文字瓦出现于秦宫旧址而定

图 90 清光绪锦灰堆中的"维天降灵，延元万年，天下康宁"瓦当残片

文字瓦滥觞于秦。如前举《渑水燕谈录》《东观余论》著录"羽阳千岁""羽阳临渭"等瓦，并以羽阳宫始建于战国秦武公为据，指其为战国之物。近人著《瓦当汇编》，亦据"年宫"文字瓦，指为战国秦惠公所造蕲年宫所有之物。殊不知宫殿建筑往往能使用很长时间，后代也时常翻新换瓦，秦宫汉茸是普遍现象，这怎能确认一座秦汉两朝都曾使用的建筑基址上出土的瓦当必为秦物而不会是汉人大修时重新换上的呢？另外有一些学者根据有些瓦当文字接近秦小篆而认为文字瓦当出现于秦。如最著名的十二字瓦当"维天降灵，延元万年，天下康宁"（图 90）、鸟虫书的"永受嘉福"瓦当（图 91），即多指为秦瓦，并引以为秦有文字瓦之证。这种论点在 20 世纪 90 年代出版的学术专著甚至瓦当研究论文中还十分流行。实际上，汉承秦制，特别是西汉初年，其文字变化并不像政权更迭一样泾渭分明。往往一件秦或西汉初期的文物仅从文字上极难区分，要佐以文物的形制、制法

图 91 西汉"永受嘉福"瓦当

加以甄别。这种现象常见于瓦当和玺印等。

综上所述，文字瓦当究竟出现于秦还是汉，传统的金石学方法已无力鉴别，重任落在现代考古学的肩上。目前，秦汉遗址在陕西关中及全国其他地方已被科学地发掘了许多。在秦雍城遗址、秦咸阳遗址、齐临淄故城遗址、汉长安城遗址、洛阳汉代遗址、辽宁绥中秦汉建筑遗址等战国及秦地层，秦汉地层中从未见过文字瓦当，证明文字瓦当的出现当在汉代。而在关中的汉代遗址中，如在西汉栎阳故城遗址和汉太上皇陵园建筑遗址的西汉初期文化层内出土了大量瓦当，但没有一品以文字为装饰主题的瓦当。在汉景帝阳陵陵园出土有"千秋万岁""与天无极"文字瓦，从其制法、当面布局和文字字体来分析，可能为汉景帝生前建寿陵所用的建筑材料，比武帝茂陵出土的文字瓦要早。在汉武帝时代的遗址中，文字瓦已十分精美繁盛。以上考古发掘证明，文字瓦可能出现于汉景帝时期（公元前156～前141年），普及于武帝时期（公元前140～前87年），鼎盛于西汉中晚期。在西汉中晚期，京畿地区的皇家宫殿、陵阙上，文字瓦已成为主流，图案或图像瓦当比例锐减。如在汉宣帝杜陵陵园遗址中发掘的六处建筑基址中，出土完整的瓦当四百余品，其中文字瓦当就已超过四百品，云纹瓦当数量只是零头的一小部分。西汉是一个空前庞大的帝国，西汉文字瓦当的出土就证明了这一点。北至俄罗斯的贝加尔湖，东北达朝鲜半岛，南抵广州，东南至福建，西达青海，都有汉代文字瓦当出土。至东汉，文字瓦当骤衰，实物无多，主要见于山东临淄和河南洛阳等地。

根据瓦当文字的内容，文字瓦当可分为宫苑、官署、宅舍、祠墓、纪事、其他和吉语等七大类。从现有资料看，不同文字内容的瓦当约有近四百种，其中吉语文字瓦种类约占半数，其不同版别的实物更占存世文字瓦的绝大多数。其他类的文字瓦分别有几种或三四十种。

各类文字瓦如宫苑、官署、宅舍、祠墓，自然施于不同的特定建筑之上，其实吉语文字瓦也未必仅意在祈福致祥，而是通用于各种建筑。例如考古发掘告诉我们，宣帝时期天子陵园的门阙主要使用"长乐未央"瓦，很少使用"长生无极"瓦。而皇后陵园则与之相反，淳化甘泉宫遗址多见"长生未央"瓦，"千秋万岁""长乐未央"瓦则极少。福建崇安城的"常乐万岁"瓦汉时多用于当地官署的门楼建筑。

西汉文字瓦当的直径多在 15 ~ 18.5 厘米之间，小者如"佐弋"瓦当，直径仅 13 厘米，大者如"益延寿"瓦当，直径可达 22 厘米。两千多年前，能够享用瓦房甚至装饰精美瓦当的首先是皇家，其次是官府和个别高官显贵。如此汉瓦文字书法当出于当时优秀的艺术家而非普通工匠。何以知之？我们试举两个唐代的例子。唐代大画家阎立本曾参与绘制昭陵六骏，而同是画家的他的哥哥阎立德（约 596 ~ 656 年）正是营造唐高祖献陵、翠微宫、玉华宫和太宗昭陵的负责人。又如，唐代至德二载（757 年）五月十六日，杜甫（712 ~ 770 年）被肃宗拜为左拾遗（从八品上文官）。两年后，杜甫为避"安史之乱"，携家带口辗转来到成都。上元二年（761 年）八月，作《茅屋为秋风所破歌》。一位前"科级干部"在西汉以后一千年依然住不起瓦房，更不要说使用瓦当了。

西汉文字的篆法线条在刚柔、曲直、疏密、倚正等诸多方面都达到了高度和谐，或方峭，或流美，浑然天成，令人叹为观止。西汉金石文字遗世无多，《中国书法全集·秦汉刻石》仅录得《群臣上醻刻石》（公元前 158 年）和《麃孝禹刻石》（公元前 26 年）等八处。而西汉瓦当文字字大而遒美，量多而变化无穷，洵为西汉书法中弥足珍贵的奇葩。东汉以后，瓦当艺术渐趋衰落，文字瓦当也渐渐式微，偶有所见，也无足为观了。

秦李斯创立小篆，统一中国文字以后，秦汉的篆书、隶书便以对称平衡为主要结字原则，形成方块字的外形。书于碑石、凿于铜器，整齐规矩，莫不合宜。但这种广泛行用、几乎一统秦汉书法天下的方块文字应用于瓦当便遇到了前所未有的挑战，因为瓦当的外形是圆形（个别的为半圆形）。以西汉文字瓦当中最常见的四字瓦当为例，早期瓦心基本为突起的球面，个别呈柱状或饼状，其外施弦纹（圆形隔线），以后出现双隔线中再饰联珠纹。总之，瓦心隔线与外轮隔线间被四分为四个扇形的部分，这就是实用装饰为方块汉字提供的全新的舞台。于是打破对称、因形而化，成为瓦当文字的必由之路。

西汉书法处在由秦代成熟的小篆向东汉成熟的隶书转化的时期，是旧制已破、新法未立的艺术转型期，这样一个特殊的历史时期除了造就人们对不同甚至怪异的各种书体欣赏时的宽容心态，更为西汉书法家提供了艺术创作的极为难得的心理自由。更加夸张的屈伸、挪让、穿插、增减成为当时善书人营构具有装饰性的瓦当文字字形的利器，方圆有机的组合、曲直因形的展开，形成了全新而极富个性的"有意味的形式"。笔画增减更加随意自如，挪让屈伸更显错落变化，有的瓦文还注意笔画波挑以彰显书写味道。另外，西汉瓦当文字还注意与乳丁和其他图案（如鸟）相配，或将某一较简的文字作双钩处理，使当面显得丰富多彩。汉人在非圆非方的瓦当上改造方块字所展现的控制力、飞扬的想象力，令人叹为观止。

非方的瓦当表面造就了瓦当文字奇异的结字和章法，而由艺术家设计书写，再由工匠摹刻于瓦范，最终制造出瓦当文字，这种特殊的"书写"方式（刻）和特殊的书法载体（泥陶）也一同影响了瓦当文字或曲劲，或圆淳，或古朴的线质特点。这如同我们研究汉简书法风格形成时，应该注意它独特的书法载体（窄细竹简）和左手持简、右手书写这样决然不同于东晋以后铺纸于案的书写方式的影响一样。

先秦庄子曾说：道在瓦甓。鲁迅先生亦叹：惟汉人石刻，气魄深沉雄大。以西汉瓦当文字奇逸多变、舒卷自如窥之，先贤之论岂虚言耶！

宫苑类文字瓦当

宫苑类文字瓦当仅限于带有宫殿或苑囿名称字样的瓦当，而不包括用于宫苑建筑的其他吉语类瓦当。过去人们常把"永受嘉福""加露沼沫"等汉人辞赋吉语瓦当归入宫苑类瓦当，如果仅因它们施于汉代宫殿便归于此类，那么宫殿陵阙上大量使用的"长生未央""千秋万岁"之类文字瓦是否要分别划归宫苑类或祠墓类瓦当呢？汉长安城南郊明堂建筑多用素面圆瓦当，是否这些素面瓦亦要归于宫殿类？鉴于这种情况，为了分类方便，故对此类瓦作了如上限定。

"宫"字瓦当　汉代宫殿通用之瓦，由于宫殿不同，样式也有所区别。周至长杨宫遗址和泾阳口镇乡都曾采集到此类瓦当。宋云石旧藏一品，存安康文管会。另流入日本一品。长杨宫采集的"宫"字瓦当，直径 15.5 厘米，当面涂朱，宫字下有一朱雀（图 92）。

"蕲年宫当"　直径 16.7 厘米，陕西凤翔长青镇孙家南头堡子壕遗址出土

图 92 西汉"宫"字瓦当
（陕西周至长杨宫遗址采集）

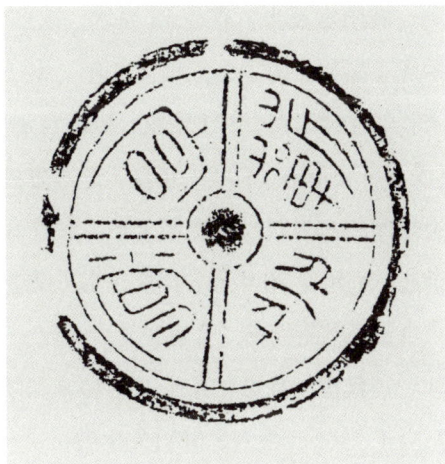

图 93 西汉"蕲年宫当"
（陕西凤翔堡子壕遗址出土）

（图 93）。史书记载，蕲年宫始建于战国中晚期秦惠王时，沿用至西汉。战国晚期，13 岁的秦王嬴政即位，但当时大权掌握于母亲和她的情人嫪毐之手。古代侍奉后宫，必用阉人。嬴政之母用了许多手腕，买通检验监督宦官阉割的官吏，并将心爱的情人嫪毐胡子拔去，装作阉人，招至身边。嫪毐自恃有王太后撑腰，骄横凌人。有一次与一大臣下棋，眼见自己棋势不妙，气急败坏，大叫"吾乃皇帝假父！"威胁对手。到了公元前 238 年，秦王政已长到 22 岁，有人告发嫪毐并非阉人，长期与王太后私通。嫪毐自知事情败露，决定九月在秦王政去蕲年宫行加冠礼正式执掌国家时，假借太后玉玺，调动军队，在蕲年宫发动武装政变。秦王政并非等闲之辈，决然先发制人，将嫪毐满门抄斩，并杀死母亲与嫪毐私生的两个弟弟，然后不动声色地在蕲年宫接过了秦国的权杖。

　　《周礼》记载：天子祭天主要在南郊。堡子壕遗址在秦都雍城西南 30 余里。面向千河，背靠土原，是建立祀天祈丰的蕲年宫的绝好地方。"蕲"通"祈"。秦人的祭天传统为汉人继承，西汉皇帝屡将蕲年宫修缮，并频频至此祭天，仅汉武帝就来过八次之多。蕲年宫遗址秦代地层厚 70 厘米，汉代地层厚 1.2 米，"秦宫汉茸"在这里得到了绝好证明。"蕲年宫当"，篆法精纯，边轮匀整，当为西汉武、昭、宣时期重修蕲年宫时所造。堡子壕"蕲年宫当"的出土，纠正了《史记》《水经注》等对其位置的错误记载。

棫阳宫瓦当　直径 18 厘米，陕西凤翔城南东社遗址采集（图 94）。棫阳宫始建于秦昭王时，公元前 238 年，秦王政夺取国家权杖，并将"犯了错误"的母亲软禁在棫阳宫。到了西汉，棫阳宫仍作为关中的"离宫三百"之一而继续使用。《汉书·文帝纪》有"二年夏，巡幸雍棫阳宫"的明确记载。棫阳瓦瓦心周饰联珠，边饰网纹，为西汉中晚期之物。其在凤翔出土，纠正了过去棫阳宫在扶风的错误说法。20 世纪 30 年代容庚先生编《汉金文录》卷 1 第 26 页著录有雍棫阳鼎，铭曰："雍棫阳共厨铜鼎一合容一斗并重十二斤"。亦证棫阳宫地望在雍。

"年宫"瓦当　直径 15.6 厘米，陕西凤翔东社附近出土（图 95）。"年宫"瓦当于 1962 年发现，陈直先生曾以"年宫"乃蕲年宫之省文。后蕲年宫瓦在凤翔它处出土，两者地点显然不在一处，故他的说法可以修正。年宫为西汉一处不见史载的离宫。

"来谷宫当"　直径 16 厘米，1992 年陕西凤翔孙家南头堡子壕外出土（图 96）。此地曾出土"蕲年宫当"，两瓦文字风格如出一辙，当为西汉中期同一高手所篆。"来"为招致之意，来谷与蕲年意思相近，表现了希望招致、储备更多粮食的美好愿望。此瓦当的出土，说明在西汉蕲年殿附近可能还有一座祭祀农神的宫殿——来谷宫。

"橐泉宫当"　橐泉宫离蕲年宫不远，两宫很可能在同一宫城中。《汉书·

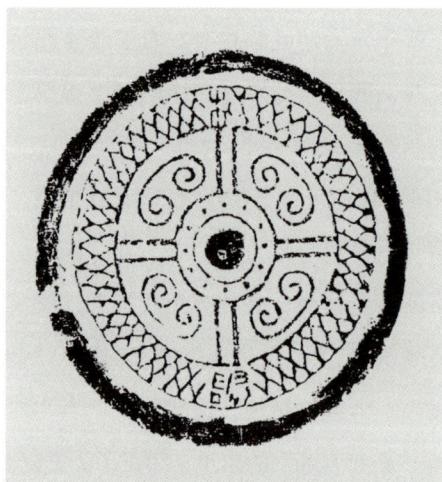

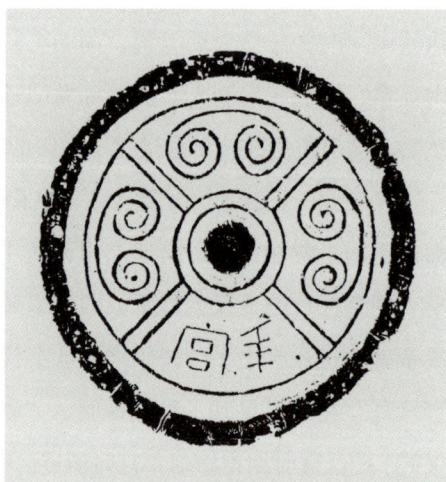

图 94 西汉"棫阳"瓦当（陕西凤翔东社遗址采集）　图 95 西汉"年宫"瓦当（陕西凤翔东社出土）

图 96 西汉"来谷宫当"（陕西凤翔孙家南头堡子壕出土）

刘向传》记载，当年春秋五霸之一的秦穆公即葬于此宫附近。考古工作者曾在蕲年宫遗址附近发现一古泉，四季常涌，甘甜可人，或即为秦汉之橐泉，宫以泉名。此宫汉代曾修葺，此瓦当为西汉中晚期物（图 97）。西汉还在此设橐泉厩，以养马。

"橐泉宫当"文字遒秀，与"蕲年宫当""来谷宫当"颇类。三座宫殿相去不远，或西汉时某次统一翻修，请同一善篆书者为三宫一次设计了瓦当。

羽阳宫瓦当 羽阳宫遗址在今宝鸡火车站一带。说到瓦当之学的发轫，不能不提羽阳宫瓦当。北宋元祐六年（1091 年），宝鸡发现五件古瓦，其中一件完整，文曰"羽阳千岁"。此事见于瓦当著录的开山名篇《渑水燕谈录》。宋代另一部书《东观余论》也著录了"羽阳千岁""羽阳万岁"瓦当。清末吴大澂在陕时曾悬白银五十两购一品羽阳宫瓦而不得。1935 ～ 1940 年，宝鸡修陇海铁路时，曾在

图 97 西汉 "橐泉宫当"

图 98 西汉 "羽阳临渭" 瓦当

羽阳宫旧址出土极多瓦当，据说被工人毁以铺路，痛哉！惜哉！光绪初，还曾出土"羽阳临渭"一品（图98），为福山王廉生庋藏。羽阳宫文字瓦还有"羽阳千秋"。羽阳宫瓦除"羽阳临渭"较小，直径13.8厘米外，其他三种瓦直径一般在15.5～17厘米间。每种瓦当文字篆法都各不一样，或婀娜，或挺劲。"羽阳千岁"更有一品为反文，十分罕见。

"成山"瓦当 陕西眉县第五村出土（图99）。陈直先生曾"疑作成帝山陵解"。更多的学者则相信其为宫观名，并指在山东半岛最东临海之荣成县，为秦始皇东巡祭天处。《三辅黄图》明确注曰："成山观不在三辅。"1985年，眉县西南7.6公里的第五村发现一处秦汉建筑基址，最厚堆积达两米以上。在该遗址采集出土十余品"成山"瓦当，一举解决了成山地望之历史谜案。成山瓦当的出土，证明成山宫为史书失载的一处秦汉离宫。它位于今陕西眉县，北依渭水，南望太白，秦皇汉武尝在此祭日，此宫秦汉曾沿用二百多年。陕西凤翔县博物馆藏有汉墓出土"陈仓成山共鼎"一件，也证明关中确有成山宫。此类瓦罗雪堂（振玉）当年曾有一件，著录在他的《秦汉瓦当文字》卷一中。

"梁宫"瓦当 直径16厘米，当面涂朱（图100）。1946年出土，后陈直先生得于马仲良手。1948年，陈先生欲将此瓦寄存重庆亲戚家，途经沙坪坝，车翻

图 99 西汉"成山"瓦当（陕西眉县第五村出土）

瓦毁，当时仅留下拓片 3 纸。此瓦作上下结构，夸张横画的排叠，但"梁"字左上部参以婀娜的曲笔，并在空处饰一乳丁以与下部"宫"两侧之乳丁呼应，静中寓动，极富形式感。"梁宫"瓦当，陈直先生旧以系梁孝王在京（长安）第邸之物，不确。"梁"即"梁"，"梁宫"乃梁山宫之省称。此宫秦始皇建于梁山脚下，梁山位于今陕西乾县。梁山宫依山傍水，林美壑幽，

图 100 西汉"梁宫"瓦当

夏季清凉，乃避暑之好去处。这里地势高耸，向南俯瞰，渭水如烟，物华天宝。公元前212年的一天，秦始皇巡幸梁山宫，正在山上欣赏关中的美景，忽见丞相李斯率车骑在山下漫游，车马甚众，秦始皇心中不悦。他手下的侍从看在眼里，偷偷告诉了李斯。李斯大惧，再出行时，就将随从车骑大大减少。敏感的秦始皇知有手下泄密，因此将当时侍从杀死许多。秦汉梁山宫遗址自宋代以来众说不一，后考古工作者以为乾陵西北的瓦子岗秦遗址应为当年号称"织锦城"的梁山宫。20世纪90年代初，在乾县西郊鳖盖秦汉建筑遗址，从农民栽果树时挖出的成千上万秦汉瓦片中，发现多块压印有"梁宫"篆印的秦代筒瓦和板瓦，与这方西汉"梁宫"瓦当印证，此地才是秦汉梁山宫旧址所在，秦代梁山宫即有"梁官"之省称。至此，梁宫千年名称地望之争画上了句号。

　　"上林"瓦当　上林苑是秦汉皇家苑囿，它的建造不晚于秦惠文王时。秦始皇时，想把上林扩大到"东至函谷，西至陈仓"的整个关中平原。当时秦始皇一个贴身的演员优旃对他说：您的主意太好了，如果敌人从东边来犯，我们用上林苑中的麋鹿就能抵挡并打败敌人。始皇知优旃是在劝谏，于是，取消了这一计划。西汉初，上林苑已近荒芜。至武帝时，雄才大略的武帝常微行巡猎。百姓农田多被践踏，怨声载道。一次武帝打猎中夜投逆旅。店主对他十分冷淡，甚至怀疑他是盗贼，欲聚少年以攻之。武帝深感"（巡游打猎）道远劳苦，又为百姓所患"，遂降旨扩建上林苑，使之成为中国历史上规模最大的园林。上林苑东临灞水，东南至蓝田鼎湖宫，南抵终南山，西至户县、周至，北迤淳化县。苑中"荡荡乎八川分流"（《上林赋》），山水形胜，林木茂美，宫苑楼台掩映其间。司马相如在他的汉赋名篇《上林赋》中描写汉武帝扩建后的上林苑："离宫别馆，弥山跨谷，高廊四注，重坐曲阁，华榱璧珰，辇道纚属。"通过"华榱璧珰"我们可以想象上林宫殿瓦当的华丽。

　　上林苑中重要的宫殿都有专门的瓦当，如兰池宫、鼎湖宫、益延寿宫、甘泉宫、平乐宫等。一般的宫殿多用"上林"瓦当。由于上林苑中宫殿建筑极多，故有"上林"字样的西汉瓦当大小不一，圆瓦直径一般在15～17厘米，样式各异。除圆形以外，还有半圆形。圆瓦皆为上下结构（图101），两字间有的还有一道或二道隔栏，有的两侧还装饰有回纹。半瓦一般直径15厘米左右，多作左右安排，字间施至两道

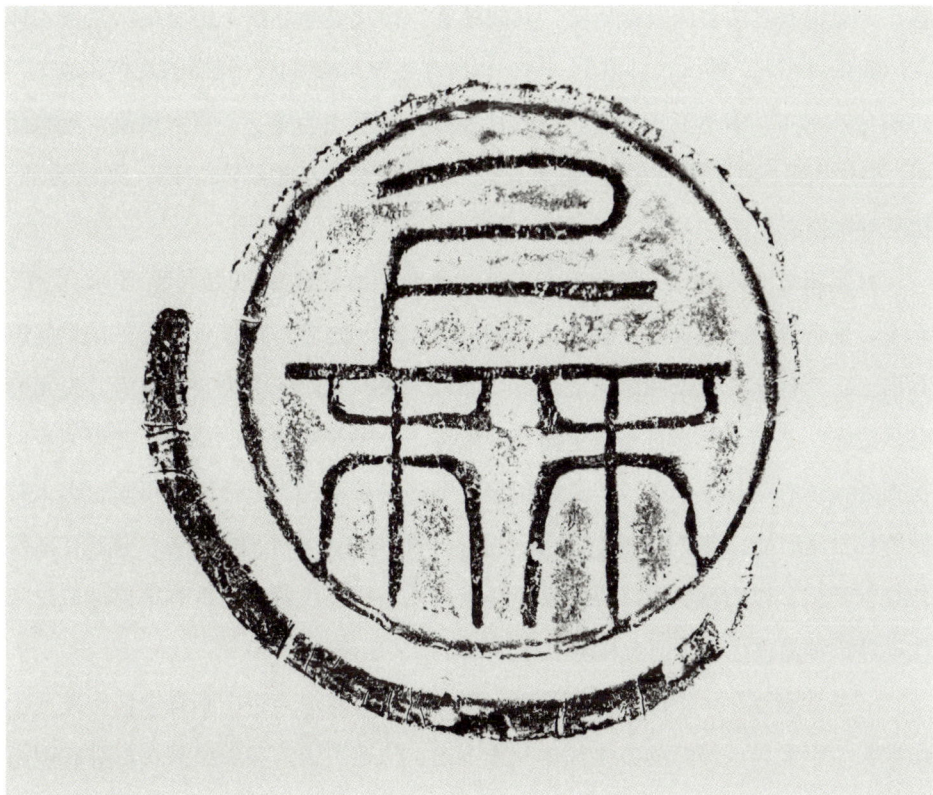

图 101 西汉"上林"瓦当

隔线，也有作上下安排者。

甘泉上林瓦当　直径一般在 14～15厘米之间，陕西淳化县出土。常见省称"甘林"二字，作上下安排，中部横施两道隔栏（图102）。亦有完整作"甘泉上林"四字者，或中施圆饼，以双十字线分为四区，或圆饼周施弦纹及联珠，边轮施网纹。

甘泉宫，原名林光宫，秦二世胡亥所造。至西汉武帝扩为甘泉

图 102 西汉"甘林"瓦当

苑，"苑中起宫殿台阁百余所"，其故址在今淳化县西北铁王镇境内。宫殿主体在凉武帝村东北，即汉代甘泉山一带，现犹存主要宫殿基址。其周围及相邻地区，建筑台基密布，多达五十多座。当时甘泉苑以甘泉山为中心，草木葱茏，流水潺潺，望之如盖，夏季清凉宜人。每年五至八月，汉帝常在此避暑、狩猎、处理政务，接见外国使者。

甘泉苑是上林苑的一部分，也许它在上林苑中地位显赫，受到武帝、昭帝、宣帝、元帝、成帝等的特别青睐，故其瓦文独冠"上林"之名。甘泉苑之瓦早在元代即有出土，李好文《长安图志》记录有"储胥未央"瓦。"未央"乃吉语，为无有穷尽之意，"储胥"为甘泉苑中储胥观省称。甘泉苑除使用"甘林"之类的专门瓦当外，还有"长生未央""长毋相忘"等多种吉语瓦当。清康熙年间，闽人林侗游甘泉宫旧址，得"长乐未央"瓦一品，一时间文人雅士竞相题咏，林氏作《汉甘泉宫瓦记》以志盛。可以说甘泉苑瓦当在瓦当研究收藏史上占有重要地位。宋代《薛氏钟鼎款识》并记有甘泉上林宫行灯铭文一件。

"兰池宫当" 秦始皇迷信长生，屡次派人入东海，企图到海中仙山蓬莱山访求长生不老药。访药的方士往往一去不返，执迷不悟的秦始皇又在首都咸阳附近造了个人工湖，名曰兰池。湖中"筑土为蓬莱"，山水宜人，他常在此巡幸，乐而忘返。据记载他继位后31年，44岁的他微服夜行于咸阳，在兰池遇到了强盗，幸亏他身后的四名卫士奋勇向前，击杀盗贼，救了他的性命。在始皇帝喜爱的兰池之侧，建造有供他休息的兰池宫。秦兰池宫在今咸阳北塬成阳宫遗址以东的杨家湾，秦末被项羽付之一炬。汉代重建兰池宫，但并未在秦兰池宫原址，而是在它的东南方重建。西汉"兰池宫当"（图 103）即发现于此。此瓦当面以单线十字分为四区，而不像常见文字瓦以双线十字加圆饼分四区，这是不早于西汉中期，是西汉晚期的特征。此当文字以方为主，"当""池"两字方中参圆，避免了僵硬划一。

"黄山"瓦当 直径 15 厘米左右，陕西兴平出土，西汉黄山宫旧物（图 104）。黄山宫，西汉惠帝二年（公元前 193 年）始建。以黄山宫为主体的黄山苑是上林苑中重要的狩猎区。张衡《西京赋》中说："上林禁苑，跨谷弥阜，东至鼎湖，邪界细柳，掩长杨而联五柞，绕黄山而款牛首，缭垣绵联，四百余里，植物斯生，动物斯止……"史书中也有武帝"西至黄山"的记载。清乾隆、嘉庆时著名学者、书法家钱坫在《新斠地理志集释》中说："黄山宫遗址在兴平西南三十里马嵬坡，土人往往于故此得宫瓦，有'黄山'二字。"《金石萃编》中亦有著录过此瓦。《小校经阁金文》卷十一并有"黄山共鼎"。此瓦篆文典雅柔美，在瓦文中别具一格，当年龚自珍（定庵）集录汉瓦墨本，每以不得"黄山"瓦当为恨。

鼎胡宫瓦当 直径 17～18 厘米，蓝田焦岱镇出土（图 105）。其文字内容分两类，一作"鼎湖延寿宫"，一作"鼎湖延寿保"。文字篆法多样，"保"字俱为反书。汉代流行这样一个传说：当年黄帝采首山之铜，铸鼎于荆山之下。鼎成，有龙从天上将胡须垂下，接黄帝升天。当时群臣及后宫七十多人亦随黄帝援须而上，龙遂驾云而去。其余的人也竞相持龙须想向上爬，结果龙须断了，黄帝的弓也掉到了地上。武帝据此在蓝田筑鼎胡宫。依鼎胡之得名，史书后作"鼎湖宫"，"湖"当为"胡"误。《史记》《汉书》皆有"天子（武帝）病鼎胡"

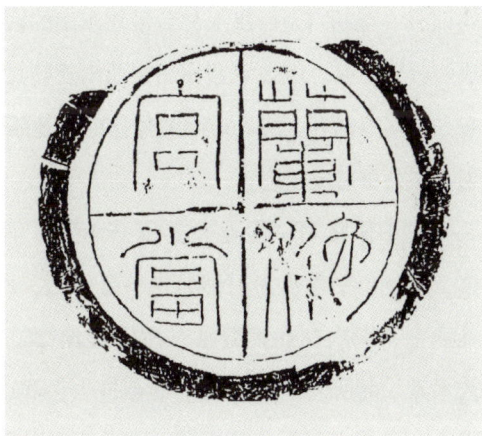

图 103 西汉"兰池宫当"

图 104 西汉"黄山"瓦当（陕西兴平出土）

图 105 西汉"鼎胡延寿宫"瓦当（陕西蓝田焦岱镇出土）

的记载。鼎胡宫是西汉上林苑最靠东南的宫殿之一，鼎胡宫之地望早有湖北湖城县和陕西蓝田两说。1988 年蓝田岱焦西南建砖瓦窑，将一大型汉代宫殿基址破坏。该遗址有一米多厚的夯土层，地面铺整齐的铺地砖，并明确出土了"鼎湖延寿宫"瓦当。鼎湖宫在蓝田遂成定论。

"平乐宫阿"瓦当 直径 15 厘米，西汉平乐观旧物（图 106），文字交叉对读，罕见。平乐宫为上林苑中一处宫殿，西汉元封三年（公元前 108 年）、六年，汉武帝曾两次在此大会第一批沿着丝绸之路踏上中国土地的身怀绝技的西方杂技艺术家。前所未闻的中西合璧杂技大会演，引得方圆 300 里的人们蜂拥至此观看。张衡的《西京赋》记其盛况："大驾幸乎平乐，张甲乙而袭被翠。攒珍玉之玩好，纷瑰丽以侈靡。临迥望之广场，程角抵之妙戏。乌获扛鼎，都卢寻橦。冲狭燕濯，胸突铦锋。跳丸剑之挥霍，走索上而相逢。"汉赋名家枚皋还曾专门写有《平乐观赋》。近长安段晓军得一"平乐宫阿"瓦，传出于今咸阳渭河电厂一带，特记地点备考。

此瓦最早见于程敦的《秦汉瓦当文字》，程氏以为其为平乐宫阿阁之瓦。其说未妥，此乃平乐宫门之阿所用。

"益延寿"瓦当 这类瓦当有两种版式：一种文字直读，直径 13.5 厘米；一种"益延"居右，"寿"字独占左侧，直径 22 厘米（图 107）。前者属汉文字瓦中微型之类，后者却为汉瓦中罕见巨制。北宋黄伯思（1079 ～ 1118 年）在《东

图 106 西汉"平乐宫阿"瓦当

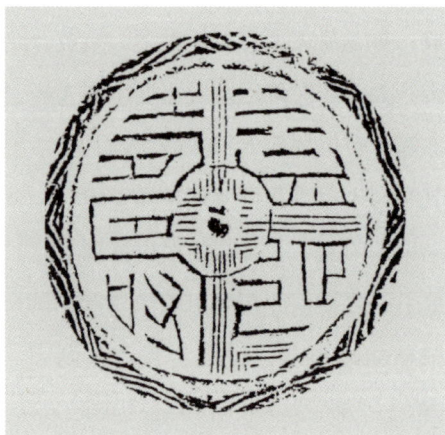

图 107 西汉"益延寿"瓦当

观余论·二馆辨》中记载："近岁雍耀间耕有得古瓦，其首作'益延寿'三字，瓦径尺。"并指出："《汉书·郊祀志》武帝作益寿延寿馆。师古注曰：益寿、延寿，二馆也。然《史记·封禅书》作益延寿馆。"参以出土瓦文，《汉书》有误，《史记》作"益延寿馆"正确。考据颇精，开瓦当证史之先河。

《史记》记载，益延寿馆是汉武帝为见仙人，听从公孙卿胡言，建于甘泉苑中的宫殿。此类瓦出土于陕西耀州区，去甘泉苑之中心淳化甘泉山无远。后世有伪造"益延寿宫"瓦当，恶俗靡弱。施蛰存《北山集古录》卷四瓦当题跋以为"延年益寿""延寿万岁常与天久长"瓦当"皆可释为二馆所用"。未妥。"延年益寿"乃汉人流行吉语，这类瓦当在汉长安城未央宫、建章宫等遗址多有出土，断非益延寿宫专用瓦当。旧皆以为此类瓦即宋人黄伯思所见耀州区"益延寿"瓦。近瓦友党顺民赠一"益延寿"瓦原拓，与图107颇类。告乃早岁访得于西安西郊之孟家村，此地在汉长安城西约一千米，建章宫遗址北约五百米。这一确切发现使得我们对"益延寿"瓦的性质要重新研究。

骀荡殿瓦当　瓦文或作"骀汤万年"（图见伊藤滋《秦汉瓦当文》第127页），或作"骀盪万延"。"汤""盪"均为"荡"之假借。"万延"即"万年"之转音。骀荡殿在长安城建章宫中。

"狼干万延"瓦当　"狼干"为"琅"之假借，"万延"即"万年"（图108）。

"折风阙当"　直径17厘米，图见《秦汉瓦当文》第125页，建章宫遗址出

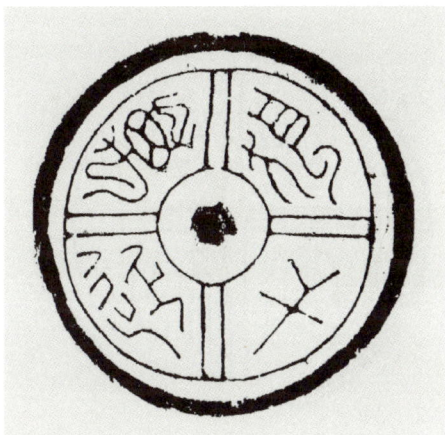

图108 西汉"狼干万延"瓦当

图109 西汉"石渠千秋"瓦当

土。《长安志》记载："建章宫阊阖门内有折风阙，高十丈。"汉代十丈约合23米。张衡《西京赋》有"阊阖之内，别风嶕峣。"别风即为折风阙。

"则寺初宫"瓦当　　直径16厘米，传世品，出土地点不明，图见《秦汉瓦当文》第113页。文字篆法飘逸流美，然其意未详。

"石渠千秋"瓦当　　石渠阁在西安汉城未央宫大殿遗址西北，它是西汉的皇家图书馆。《三辅故事》记载此阁为汉长安城的初创者萧何规划建造都城长安时，特别建造以保存他从秦咸阳抢救出来的文化典籍。因其下以砻石为渠以导水，故名。宣帝甘露三年，五经诸儒曾"杂论于石渠阁"（图109）。

"内掖椒风"瓦当　　此为未央宫椒房殿所辖椒风殿遗物（图110）。班固《两都赋》记载："后宫则有掖庭、椒房，后妃之室。"掖或可作掖庭解，以为后宫嫔妃所居，故又称内。《汉书·董贤传》记载：董贤之妹被哀帝封为"昭仪，位次皇后，更名其舍为椒风，以配椒房云。"椒房之得名，是因为椒房殿的墙壁是用椒和泥涂抹，"取其温而芬芳也"（《三辅黄图》）。

"朝神之宫"瓦当　　直径16.5厘米。曾四见。一藏长安傅氏花开见佛之室（图111），一藏京华路氏梦斋，二品藏长安李靖先生处。路氏所藏完好无损，傅氏所藏右上微残，瓦文圆劲典正。朝神之宫，不见史载，尝疑为西汉之离宫，或与祭祀有关。1995年，李靖先生偶得两品于今西安市引镇。发现地地势较高，面向东南，近有小河。《汉书·郊祀志》记载，公元前133年，汉武帝曾在汉长安城东西建

图110 西汉"内掖椒风"瓦当

图111 西汉"朝神之宫"瓦当

图 112 西汉 "八风寿存当"
（陕西汉长乐宫遗址西南出土）

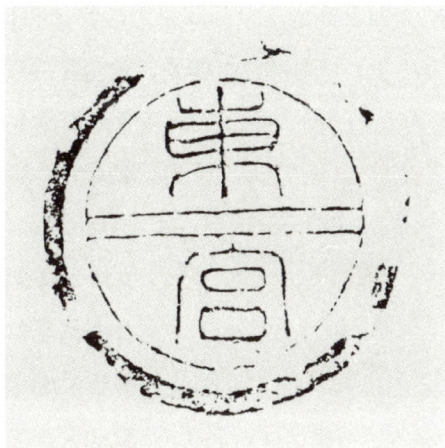

图 113 西汉 "东宫" 瓦当

祭祀天帝的泰一祠。"朝神之宫" 或与此类建筑有关。《陕西金石瓦当文》录有 "石室朝神" 瓦一品，另《秦汉瓦当文》录有 "石室朝神宫" 瓦。陕西历史博物馆亦藏有一件。"石室" 可理解为稳固之极的一个比喻。《三国志》中有："近刘氏据三关之险，守重山之固，可谓金城石室，万世之业。"

"八风寿存当" 直径 16 厘米，汉长安城长乐宫遗址西南出土（图 112）。《汉书·郊祀志》记载王莽篡位二年，兴神仙事，起八风台于宫中。此瓦乃八风台旧物。"寿存"，吉语，意与寿成同。王莽虽然托古改制，逆历史潮流而动，但他重用知识分子，故新莽之时，科技工艺俱十分精湛，其时铜器、玺印皆称两汉时代精品。从 "八风寿存当" 看，其文字精整，方圆相济，"八风" 台名巧妙地安排于同一区内，安妥而不局促，亦为汉瓦中不可多得的妙品。宋云石百砚当斋曾藏一品，当背已加工成砚。

"东宫" 瓦当 著录见《秦汉瓦当文》，此殆西汉长乐宫遗物（图 113）。西汉长乐宫在未央宫之东，故称 "东宫"。自汉惠帝起，皇帝移未央宫听政，长乐宫成为太后的居宫。东宫还成为太后的代称，又称东朝。《汉书·楚元王传》附刘向："依东宫之尊，假甥舅之亲以为威重。"

"淮南" 半瓦当 图见《秦汉瓦当文》第 104 页，为淮南王在京行宫之物，西安地区出土，陈直旧藏，现不明所在。陈直先生当年并藏有 "淮南邸印" 封泥，同为西汉淮南王京师邸第之遗物。陈直先生乃现代瓦当之学的专家，所藏瓦当亦复不少，而对此瓦极偏爱，曾专题诗曰：

　　　　　长安乐访古，瓦文日搜剔。

　　　　　淮南有遗作，峭劲复廉折。

　　　　　半规文凡二，审定非残缺。

　　　　　京师筑离宫，疑出小山笔。

　　　　　王安都寿春，游士尽才杰。

　　　　　丛桂歌连蜷，香草播芳烈。

　　　　　摹纸寄吾父，赐书叹精绝。

　　　　　我家淮之南，望望泪盈睫。

　　　　　斗粟尚可春，今日米难觅。

　　　　　不敢求旨甘，菽腐愿常设。

　　　　　吾王见许耶，初明表可窃。

"临廷"瓦当　直径17厘米，关中平原东部华县出土，曾为民国晚期古董商刘瑞亭所藏，现存西安文物库房（图114）。笔道粗壮，"廷"字的"廴"部活脱有度，与整体之方严相参，拙巧相生。未审所施，待考。

"津门"瓦当　直径15.3厘米，洛阳出土（图115）。东汉国都洛阳津门用瓦。

"夏门"瓦当　图见《秦汉瓦当文》第103页。东汉瓦当。

图114 西汉"临廷"瓦当（陕西华县出土）

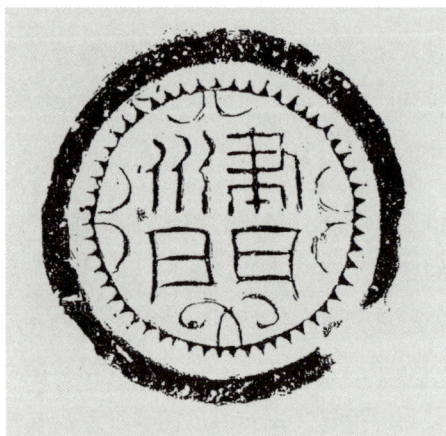

图115 东汉"津门"瓦当（河南洛阳出土）

图 116　西汉 "召陵宫当"

图 117　西汉 "貌宫" 瓦当
（陕西澄城刘家洼乡良周村采集）

"召陵宫当"　西汉郡国离宫用瓦（图 116）。召陵属汝南郡，此瓦可能出于今河南郾城县以东的召陵遗址。

"曲成之当"　图见《秦汉瓦当文》第 160 页。曲成县汉代属东莱郡，曾为侯国，汉武帝曾封中山靖王子万载为曲成侯。此殆彼时旧物，可能出土于今山东招远市（原掖县东北 60 里）的曲成遗址。

"貌宫" 瓦当　1983 年陕西澄城县城以北 25 公里的刘家洼乡良周村农民平整土地时采集，现藏陕西省文物商店（图 117）。直径 15.5 厘米，文字居中，不施圆饼，方格四边外各饰三个单线三角形，布局新颖，形式为汉文字瓦中仅见。

官署类文字瓦当

"官" 字瓦当　凡见两种，一种为当面一个 "官" 字（图 118），一种为在西汉典型的云纹瓦当的瓦心部位有一官字，图见《秦汉瓦当文》第 139 页，为西汉官署通用之瓦。

"关" 字瓦当　河南函谷关遗址出土。其版式有两大类，一类笔画较粗，关字两侧各饰一羊角状云纹；一类笔画峻厉，有汉隶神采（图 119）。函谷关为战

图 118　西汉"官"字瓦当（《秦汉瓦当文》著录）

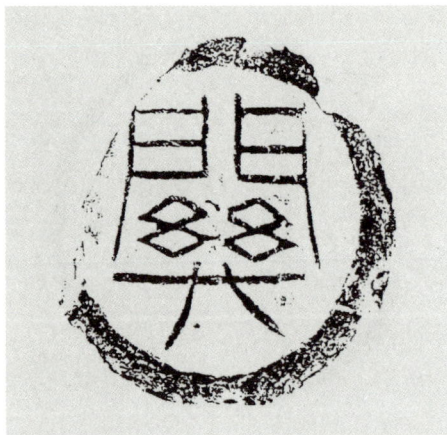

图 119　西汉"关"字瓦当（河南函谷关遗址出土）

国秦置，因关在谷中，深险如函，故名。作为中国历史上最著名的关隘之一，它是秦东部的重要门户，号称天险。陕西中部渭河谷地称关中平原，关中即平原处在四关之中，东部关口即函谷关。函谷关的险要，使一夫当关，万夫莫开，确保了在关中建都的十三个王朝的安全。

早期函谷关在今河南灵宝，关修于一条深邃的谷道中，道之险要，不足容两车并行，故战国时主张合纵的苏秦就曾感叹秦东有崤函之固。公元前241年，楚、赵、魏、韩、卫五国联军雄心勃勃攻秦，也终败于关下。当时秦国对函谷关管理极严，"日入则闭，鸡鸣则开"。以至当年孟尝君仓皇东逃出关，幸亏他平时豢养的一些被人斥为"鸡鸣狗盗之徒"的哥们儿（食客）急中生智，偷学鸡叫，才得以骗开关门，侥幸脱逃。

汉承秦制，也在函谷关置关都尉镇守。当时能居住于函谷关以西的关内京城附近是一件十分荣耀之事。汉武帝元鼎三年（公元前114年），功勋卓著的楼船将军杨仆就深以自己仍居关外为耻，特经汉武帝同意，动用自己的家僮700人在新安重筑新塞。楼船将军"身居内关"的愿望终得以实现，但函谷关却向东移徙了300里。新关位于河南新安县东南东关村东，面临涧河，高山夹峙，亦极险要，至今关城夯土遗迹，仍清晰可见。旧传"关"字瓦出于灵宝旧函谷关，武帝元鼎之前，文字瓦极少，武帝后函谷关徙新安。罗振玉曾藏"关"字瓦七品，所编《秦汉瓦当文字》中，俱明确注出新安，可见"关"瓦出函谷关，后人臆定为灵宝函谷旧关，实新安函谷新关也。

"卫"字瓦当　直径多在 14～16 厘米（图 120），瓦当多涂朱或白垩，集中出于汉城未央宫大殿遗址前永兴堡和淳化甘泉宫遗址。此瓦宋元时即有发现，宋敏求、李好文以为秦仿卫国宫殿所用瓦当，进而推断秦灭六国在咸阳北坂作六国宫殿，瓦当皆用其国号。大误。据现有发现，一则证明秦时尚无文字瓦当，二则"卫"字瓦不见于秦六国宫殿遗址。陈直先生以为未央宫卫尉官署所用之瓦。秦汉卫尉掌宫门屯卫之事，为九卿之一，秩中二千石。汉军制中央禁军分南北军，卫尉为南军统帅，其责任重大，深关皇帝的安全。故其瓦多涂朱或白垩，以示地位非同一般，而且因其醒目而便于人们随时报警，颜色特别，有类今日消防警车用红色之意。汉城未央宫外，在淳化又发现五品"卫"瓦，有些学者因而怀疑"卫"瓦并非卫尉官署专用，否则汉长安城以外何以也有"卫"瓦出现。认为"卫"乃周卫官室之意。实际西汉甘泉宫亦有卫尉之设，当时甘泉宫是西汉皇帝最为重要的行宫之一，警卫机构自不能少。

陈直先生记载天水隗嚣宫遗址也出"卫"瓦，他客居天水时曾获一品。隗嚣是新莽的御史大夫，后他亡归故里天水，招聚旧众，自称西州上将军，割据陇东，后曾被公孙述封为朔宁王。在他割据天水时宫殿中出现卫瓦并不奇怪。熟悉汉家卫尉情况，并决意叛汉割据的他，对保卫自己宫室的卫尉设置自不会掉以轻心。

属于卫尉官署的专门瓦还见"卫屯"一件（图 121）。

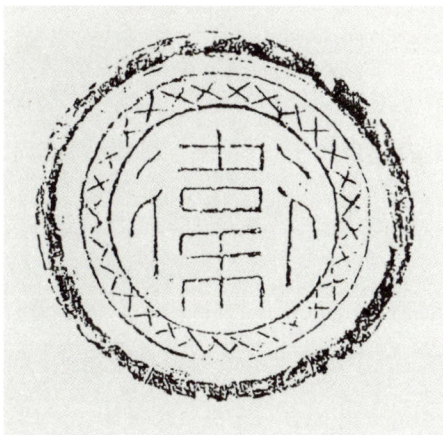

图 120　西汉"卫"字瓦当　　　　　　图 121　西汉"卫屯"瓦当

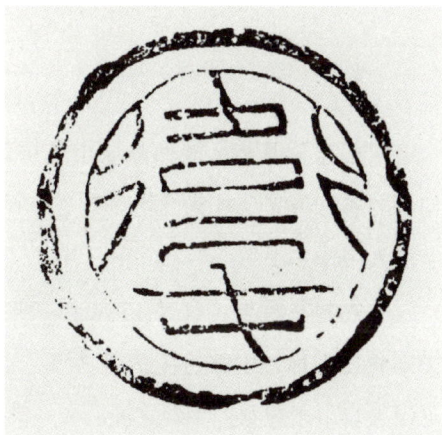

图 122　西汉"船室"瓦当
　　（陕西韩城市芝川镇扶荔宫遗址出土）

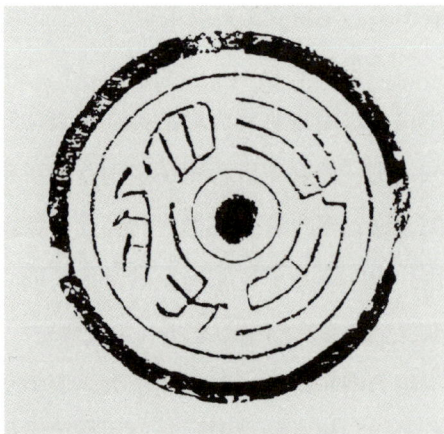

图 123　西汉"右将"瓦当
　　（陕西西安汉城遗址出土）

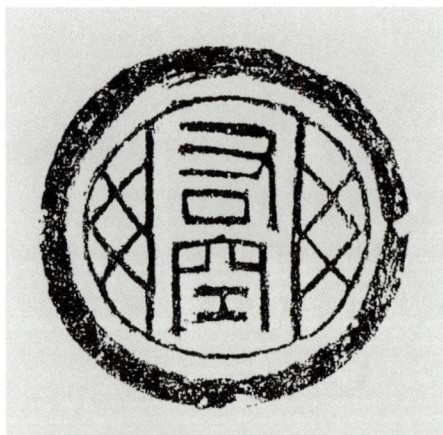

图 124　西汉"右空"瓦当
　　（陕西西安汉长安城遗址出土）

图 125　西汉"都司空瓦"
　　（陕西西安汉城遗址出土）

"船室"瓦当　陕西韩城市芝川镇扶荔宫遗址出土（图 122），孤品。为水衡都尉属官辑濯令收藏行船工具之室所用之瓦，"船"字原写作"舩"，犹"沿"字汉人多作"㳂"。

"右将"瓦当　直径 15 厘米，西安汉城遗址出土（图 123）。"右将"为右中郎将之省称，中郎将主宿卫之事。"右将"二字围绕瓦心安排，富流动感，可见汉人自由之想象，不羁之匠心。《陕西金石志》并记有"左将"文字瓦。

"右空"瓦当　直径 18 厘米，西安汉长安城遗址出土（图 124），为右司空官署用瓦。司空是起源极早的官名，《尚书·周官》记载："司空掌邦土，居四民，时地利"，是掌管土地、水利和工程建设的官员。商周青铜器铭文屡见此官名，秦汉时因国家工程多用刑徒，故司空也兼管刑徒。《中国历代官制词典》"司空"条云"汉前期不见司空一职"，从"右空"瓦当及汉武帝时霍去病墓大型石刻上"右司空"的刻铭看，此说未妥。

"右空"瓦，文字直读，边饰网纹，为汉瓦中仅见。后世有仿此形式，将"右空"换为"君子"二字，文字做作恶俗，全无汉人真朴古拙的气势，但其流行颇广。

汉瓦中并有"空"字瓦，当为司空省文，亦为司空官署用瓦。

"都司空瓦"　直径一般在 17 厘米左右，西安汉城遗址出土（图 125）。都司空，西汉为宗正属官。《汉书·百官制》如淳注："律司空主水及罪人。"《北山集古录》因惑于"水与罪人邈无关涉，（都司空）又何以兼主水也"。宗正在秦汉时为九卿之一，主皇家事务。其主要属官有宗正丞、都司空令、内官长及公主家令、门尉等，各有分工。秦汉之时都城周围为皇家苑囿，如上林苑，其中多河湖池沼，其修建开挖，工程浩大，多用刑徒，故都司空将水利及刑徒统一管理并不奇怪。

"佐弋"瓦当　直径 13.3 厘米左右，西安汉城遗址出土（图 126），为汉文字瓦中最小一类。施蛰存先生以为秦物，非也。《汉书·百官志》，少府属官有佐弋令，掌弋射。汉武帝太初元年（公元前 104 年）更名做飞。汉瓦中有"次蜚官当"（图 127）。"次蜚"即"做飞"之假借。此瓦文右起旋读，文字篆法谨严。

图 126 西汉"佐弋"瓦当（陕西西安汉城遗址出土）

图 127 西汉中期"次蜚官当"

图128　西汉"宗正官当"（陕西西安汉城遗址出土）

图129　西汉"上林农官"瓦当

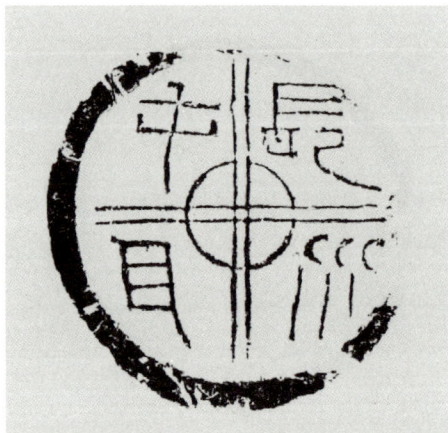

图130　西汉"长水屯瓦"（陕西西安南郊出土）

瓦心部位饰网纹，此为西汉早中期特征。如咸阳杨家湾汉墓出土的瓦当，当心网纹风格与此一致。史物相参，"佐弋"瓦，为西汉景帝至武帝太初元年前之物。"次蜚官当"为西汉中期（太初以后）之物。皆可视为瓦当断代的珍贵标准器。

"宗正官当"直径16～17厘米，西安汉城遗址出土（图128），西汉宗正官署用瓦。秦汉之时，宗正为九卿之一，掌皇室之事。

"上林农官"瓦当　直径16～17厘米（图129），为水衡都尉属官上林农官官署用瓦。上林苑虽为皇家苑囿，但以其范围广大，其中除宫阙湖沼外，并有农田。上林农官主司上林苑中农业。"上林农官"瓦多在划分四区的双线十字中加施短横，此种做法于汉瓦中十分罕见。

"长水屯瓦"　西安南郊出土（图130），罗氏《秦汉瓦当文字》著录两件。此为长水校尉屯兵处所用之瓦。《汉书·百官公卿表》记载："长水校尉，掌长水宣曲胡骑"。瓦文上密下疏，随形变化，方圆相参。水、屯、瓦三字主笔下垂修美，而长字右下撇悠闲从容地向右边伸去，破除了其他三字主笔皆下垂可能造成的单调僵硬之感。水字分解为上部三条圆弧、下部三条略倾而长短不一的直线，均极生动。汉瓦中佳构也。

"前堂食室"瓦当　直径 16.6 厘米，20 世纪 90 年代西安地区出土两件，其一传已流出陕西。"前堂"建筑之名，"食室"或为会食之所，有类后世所称食堂。汉代宫中及陵园建筑中均有主饮食之机构。

"郿"字瓦当　见三种版式，或方整作"郿"（图 131），或圆曲作"眉"，或"郿"字小而居于瓦心部位，周饰云纹。可能为西汉郿县官署用瓦。

"乐浪礼官"瓦当　直径 16 厘米，图见《秦汉瓦当文》第 146 页，汉代乐浪郡治遗址出土。乐浪郡是汉代在朝鲜半岛设置的地方行政管理机构，其治所在今朝鲜平壤南郊大同江南岸土城里的台地上，东西长约七百米，南北长约六百米。城址内汉代遗存丰富，瓦当除"乐浪礼官"外，还有常见的汉代云纹瓦以及"乐浪富贵"文字瓦等。其他遗物如封泥、陶器和铜铁器等也很多。中国史书记载，西汉武帝元封三年（公元前 108 年），汉朝在朝鲜置乐浪、玄菟、真番、临屯四郡，昭帝始元五年（公元前 82 年）罢真番、临屯二郡入乐浪、玄菟。"乐浪礼官"瓦当及乐浪郡城址其他汉代遗物的出土，证明了汉代对朝鲜半岛的有效管辖。礼官为掌礼仪之官的通称。

华仓文字瓦　专用于华仓的文字瓦计有"华仓"（直径 15.8 厘米）（图 132）、"京师庾当"（直径 16 厘米）（图 133）、"京师仓当"（直径 15.3 厘米）

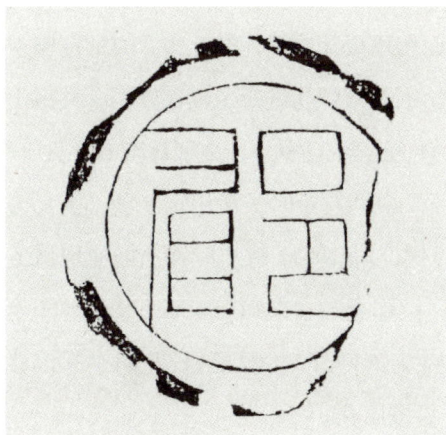

图 131 西汉"郿"字瓦当

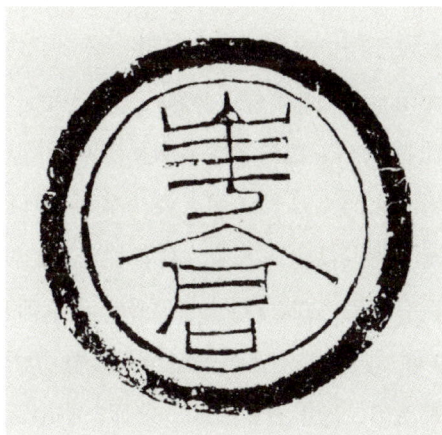

图 132 西汉"华仓"瓦当（陕西京师仓遗址出土）

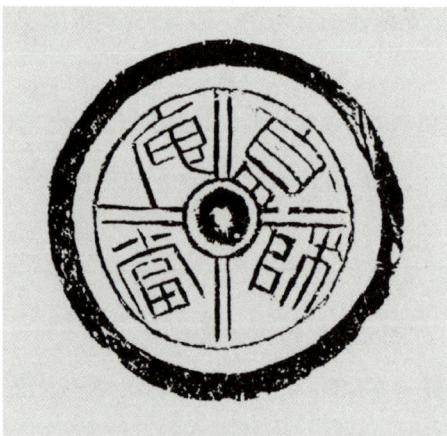

图133 西汉"京师庾当"瓦当
（陕西京师仓遗址出土）

几种。民以食为天，保障首都的粮食供应更是国家的一件大事。早在西汉刘邦决定建都之时，其著名谋臣张良即指出：关中地理条件优越，通过黄河和渭河可以"漕挽天下，西给京师"。西汉初年，从关东每年要向长安运粮数十万石，武帝时猛增至四百万石，最多时一年要漕运六百万石。关东粮食用大船沿黄河运至关中后，至河口进入漕渠必须换船转运。于是在今华阴市卫峪乡建立了京师仓。 "京师庾当"的"庾"《说文解字》解释为"水漕仓也"，即明确地说明了京师仓的运转方式。这里西距今华阴市区9公里，离汉长安城130公里，北临渭河3公里，东距潼关今渭河汇入黄河处10公里。黄河、渭河、洛河在京师仓附近交汇，水路、陆路交通均极方便。京师仓所在本身又三面临崖，形势险要，易守难攻，是建立大型中转储粮仓库的理想位置。西汉还在京师仓附近渭水黄河交汇处设船司空，专管漕运船只事宜。

　　京师仓是目前我国考古发现中规模最大的西汉粮仓遗址，其储粮容量系根据当时每年几百万石粮食设计，规模宏大。如一号仓东西长 62.5 米、南北宽 26.6 米。仓设三门，为西汉粮仓之最（图 134）。屋面使用板瓦、筒瓦和瓦当，有的瓦当上还施彩，气魄宏伟。1980 ～ 1983 年，考古学家对京师仓进行了局部发掘，共出土瓦当97件，包括素面半圆瓦当（3件）、动物纹瓦当（2件）、文字瓦当（39件）、云纹瓦当（53件）四大类。京师仓修建于西汉中期武帝时，沿用至新莽，其瓦当基本为西汉中期之物。其各种瓦当的使用比例，对我们了解当时瓦当的使用情况极有帮助。在 39 件文字瓦中， "京师仓当" "华仓" "京师庾当"最少，各 1 ～ 3 件。大量的是吉语类瓦当，其中"与华无极"16 件， "与天无极"4 件。东汉移都洛阳，漕渠淤积渐废，京师仓使用百余年后被废弃。

　　"澄邑漕仓"瓦当　直径 16 厘米，20 世纪末出土于蒲城县县城东北 30 公里

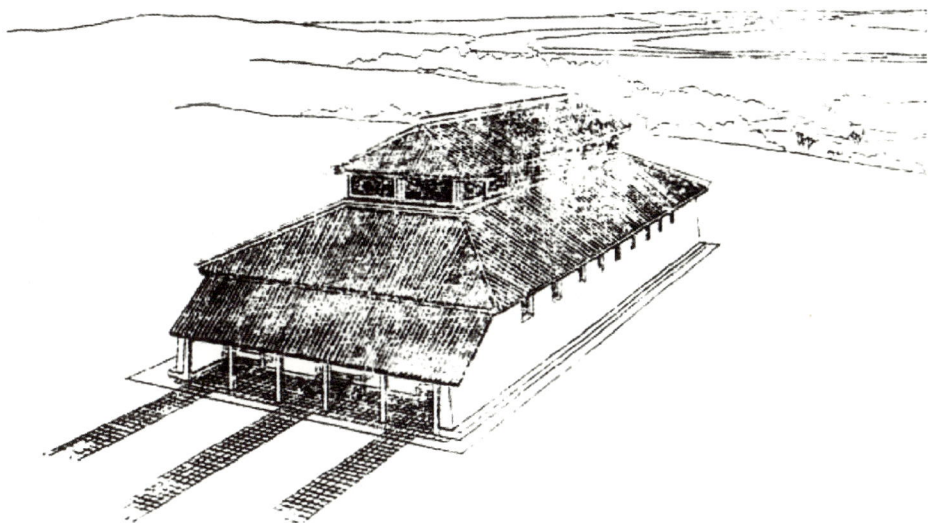

图 134 西汉粮仓"京师仓"复原图

的西头乡西头村东，洛河右岸二级台地上。这一汉代遗址东西约 1000 米，南北约 1500 米，文化堆积 1 ~ 3 米。遗址内散布大量汉代绳纹砖、瓦、回纹砖、云纹瓦当及陶器残片，并出土四块"澄邑漕仓"瓦当残片，其中一品存"澄""漕"及"仓"字上半。长安某私人藏家另有一品，四字基本完整，唯有一半边轮残缺（图 135）。"澄邑漕仓"瓦当的出土不但为确定汉代澄邑（今陕西澄城）的位置提供了线索，而且作为史书失载的一处汉代国家粮库（仓）用瓦当，为研究汉代长安粮食的来源及洛河下游的漕运提供了重要的新资料。"澄邑漕仓"瓦确认的京师仓（华仓）以外的又一处重要粮食转运站的位置，似乎暗示我们汉长安粮食的来源似并不局限于沿黄河渭水西运的关东之粮。如汉代国家东部出现战乱，关中北部地区的粮食仍能部分支持京城需要。

"百万石仓"瓦当　直径 15.7 厘米，1989 年在咸阳市西南 7.5 公

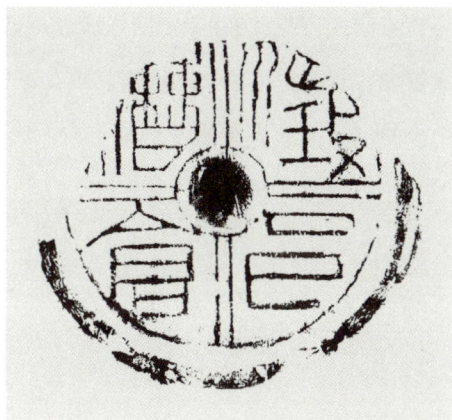

图 135 西汉"澄邑漕仓"瓦当（陕西蒲城出土）

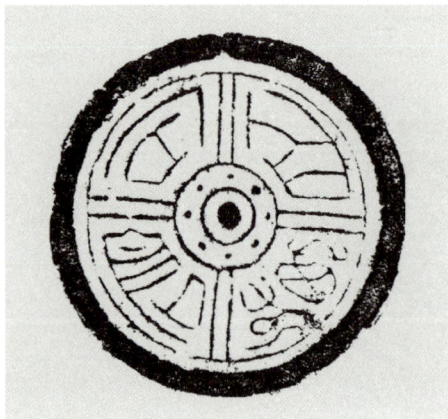

图 136 西汉"百万石仓"瓦当
（陕西咸阳两寺渡出土）

里处两寺渡附近采集到两品（图136），为西汉著名的细柳仓遗物。细柳仓位于西汉首都长安西南，当年细柳仓可能主要是供应驻扎在附近细柳营的戍卫京师的军队。这支铁军的统帅不是别人，正是为西汉的建立南征北战的老将周勃之子周亚夫。《史记》记载公元前 158 年，河内太守周亚夫为将军，驻细柳，以备匈奴来犯。一次文帝亲往劳军，至细柳营，但见军士都披甲持刃，严整威武。文帝车快至军营大门时，侍从大呼：天子马上就到！守门的军官回答：周将军有令，军中一切以将军令为准。无奈文帝被阻于军门，只好派使持节诏将军进去传报，周亚夫下令，才打开军门，皇帝一行乃驱车驰入。门吏又对他们说：周将军有令，军营中不能快速行驶，文帝只好缓辔徐行。到了将军大帐，周亚夫对皇帝拱手曰：恕臣甲胄在身，不能大拜，请以军礼见。文帝大为感动，出门后对左右说：此前我到别处劳军，都长驱直入，无人敢阻，只有周亚夫军队纪律严明，军令如山，周亚夫才是真正的将军。一个月后，战备解除，拜周亚夫为中尉，后来升至太尉、丞相。

细柳营究在何方，向有三说：一说在咸阳西南，一说在西安南汉昆明池之南，一说在唐长安东北 30 里。两寺渡发现西汉"百万石仓"瓦当为确认西汉细柳仓及细柳营位置提供了重要的证据。该瓦篆文圆通典雅，乃汉瓦中的精品。

清《金石索》亦著录两品"百万石仓"瓦，传出自汉城。史书记载西汉长安城及附近亦有太仓、常满仓等。

宅舍类文字瓦当

汉文字瓦中，有一些仅及姓氏，如"马"（图 137）、"李"（图 138）、"焦"

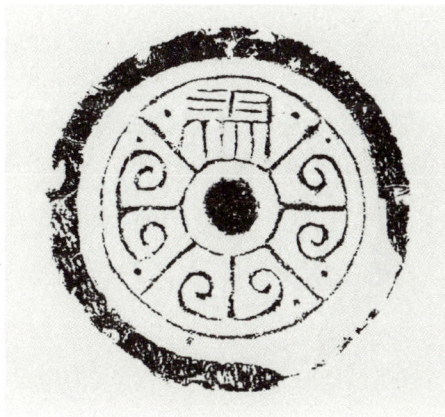

图 137　西汉"马"姓瓦当

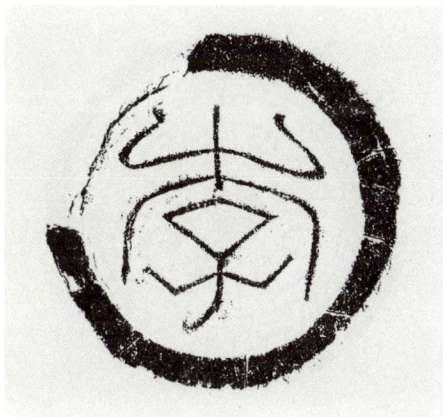

图 138　西汉"李"姓瓦当

图 139　西汉"焦"姓瓦当

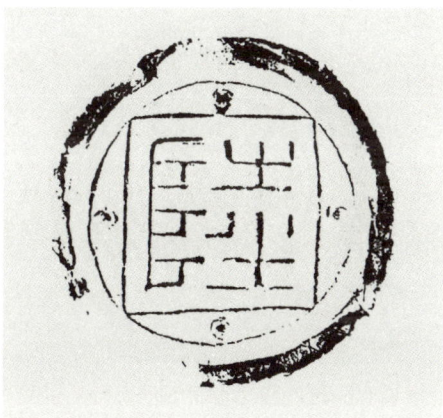

图 140　西汉"陆"姓瓦当

（图 139）、"陆"（图 140）、"金""杨氏""爰氏"等，直径一般在 14～15 厘米，总的说来小于一般的宫苑官署瓦当，可能为私家宅舍用瓦。有些姓氏后并加吉祥之语，如"马氏万年"（图 141）、"严氏富贵"（图 142）。更有一些，明言用于宅舍，如"马氏殿当""梁氏殿当""吴氏舍当"（华阴出土，直径 14.8 厘米）、"杨羊富贵吉宜王兮""程氏富贵为天思福禄延年报子孙长宜官秩寿万年"（图 143）。"黄金当璧之堂"（图 144）辞意则更为华丽吉祥，班固《西都赋》有"裁金碧以饰珰"的说法可与之对应。此当文足见汉代达官贵人宅舍的奢华，这与汉初天子找不到四匹毛色一样的马的情况已大不相同，

图 141 西汉"马氏万年"瓦当

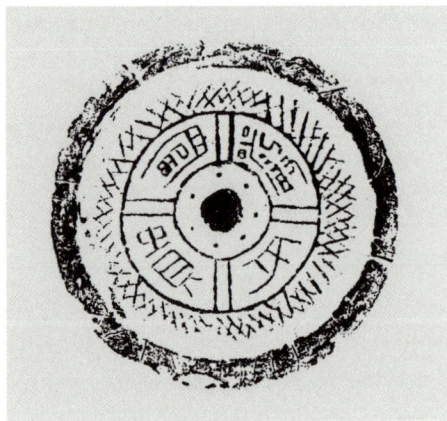

图 142 西汉"严氏富贵"瓦当

图 143 西汉"程氏富贵"二十一字瓦当

图 144 西汉"黄金当璧之堂"瓦当

从中我们也能获悉西汉社会发展的几分信息。

祠墓类文字瓦当

"视死如生"是中国人传统的观念，对死者埋葬的庄重，形成了中国人特有的一套丧葬制度。早在商代，从王陵到一般贵族墓就时常在地面上建有房屋以作祭祀之用。春秋战国，这种墓上建享堂的做法进一步发展。汉代厚葬之风弥盛，墓上祭祀用祠堂更为普遍。从景帝阳陵开始，在帝后坟丘的四周筑平面方形的夯土墙，各面垣墙中央辟一门，门外立双阙。陵园之旁建寝殿和庙，寝殿距陵园较近，殿内陈设皇帝生前的起居用具和衣冠。各陵有庙，此始于惠帝时在长陵建的"原庙"，内藏皇帝木主，大都距陵园较远，并各有名号。如高祖长陵的"原庙"，武帝茂陵的庙称"龙渊"，宣帝杜陵的庙称"乐游"。

无论是西汉帝王的陵园门阙、寝殿和庙，还是臣下子民的祠堂建筑，都为我们留下了许多明确的专门的祠墓类瓦。当然汉代的祠墓也大量使用各类建筑通用的"长乐未央"之类的吉语瓦和云纹瓦，为了叙述方便，我们不把它们包括在内。

"长陵东当" 直径 15.7 ~ 18 厘米，咸阳北原汉高祖刘邦陵园东侧出土（图 145）。《三辅黄图》记载长陵园有"便殿、掖庭、诸宫寺"，此盖长陵城东诸宫寺所用。此类瓦多为西汉文字瓦典型风格，中心为瓦心，瓦心周饰弦纹与联珠，再以复线十字分为四区，篆文因扇形安排，边轮内有一道弦纹。近年长安又见一品，边轮内饰网纹，并有白垩遗存，前未见"长陵东当"饰网饰者。文字圆淳安详，现为私人收藏。

图 145 西汉"长陵东当"
（陕西咸阳北原汉高祖刘邦陵园东侧出土）

"长陵西神"瓦当 直径 14 厘米，咸阳长陵出土（图 146）。西神者，西祠也。汉张公祠碑额云"张公神碑"可参证。此盖长陵陵园西诸神祠用瓦也。

"高祖置当" 可能为高祖长陵用瓦（图 147）。

齐园瓦当 汉高祖刘邦长陵陵园

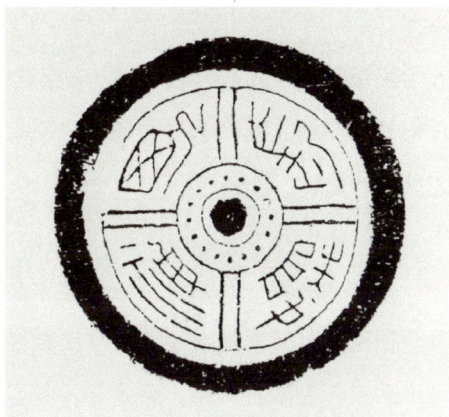

图 146 西汉"长陵西神"瓦当（陕西咸阳长陵出土）

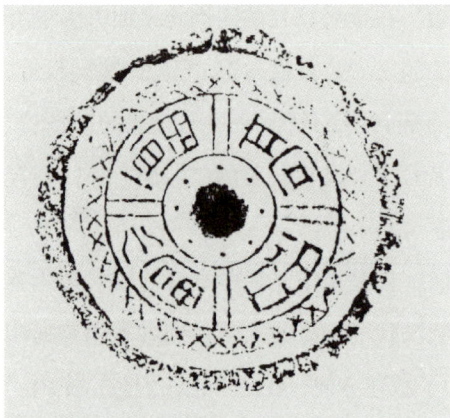

图 147 西汉"高祖置当"

图 148 西汉"齐园"瓦当
（陕西咸阳长陵 21 号陪葬墓墓祠遗物）

东门外直至泾河 15 里内，为跟随刘邦打江山的文臣武将和近亲侯王陪葬墓区。初步调查现在留有七十多个墓冢，陪葬墓排列有序，如他们生前在大殿参见皇帝一般，显然经过精心布局。唐代诗人刘彦谦观此有诗云："长陵高阙此安刘，附葬垒垒尽列侯。"

陪葬长陵的人，史书只记载了十来位，如汉初名相、留下"萧规曹随"典故的萧何、曹参，有细柳营倍受文帝尊敬的周亚夫和他的父亲——名将周勃等等。但由于对墓区正式的考古发掘还没有进行，现在还很难将长陵陪葬墓的主人一一说清。

21 号陪葬墓是现存冢墓中较大的一座，底边长度为 50 米。这里出土了"齐园"（直径 16.1 厘米）、"齐园宫当"（直径 14.8 厘米）、"齐一宫当"（直径 15.6 厘米）三种瓦当。根据这组瓦当，我们推测 21 号墓主人为武帝之子齐王刘闳的墓。史书记载，元狩六年（公元前 117 年），由霍去病、任安等人奏请，刘闳被立为齐王，但他未就国即死于长安，乃陪葬长陵。诸瓦当为其墓祠遗物，其中"齐园"瓦当，线条粗壮，"齐"字上横画弯曲环抱下面的"园"字，是汉瓦中的罕见之作（图 148）。

"孝太后寝"瓦当　清齐吉金室曾藏两半（残作"孝太""后寝"），著录见罗振玉《秦汉瓦当文字》，罗氏误释"后寝"为"后深"。1945 年，汉长安城又出两半，为陈直所得，著录见《摹庐藏陶掇存》。陈直初以为两残半瓦原即为半圆瓦使用，后其从兄陈邦怀告当为一圆瓦之两残片。近年长安某藏家果获一品完整者（图 149），极难得。此当为西汉中期某太后陵墓寝殿所用之瓦。

"西庙"瓦当　此可能为汉代惠帝陈设皇帝木主之庙堂用瓦（图 150）。因惠帝庙在高祖庙之西，故名。

"便"字瓦当　汉文字瓦中几不见阴文，"便"字瓦中有阴文（图 151），直径 15 厘米，罕见。文字类汉印。"便"瓦亦有作阳文者。过去此类瓦出土地不明，疑为汉帝陵园便殿用瓦，姑附祠墓瓦。近西安某藏家告早岁曾亲手在西汉长安城北相小堡村获得一品，证明此类瓦与便门桥有关。旧说不确。

汉代私家冢墓祠堂用瓦多称"冢当""冢舍"，如"治宫冢当""巨杨冢当""酒

图 149 西汉"孝太后寝"瓦当

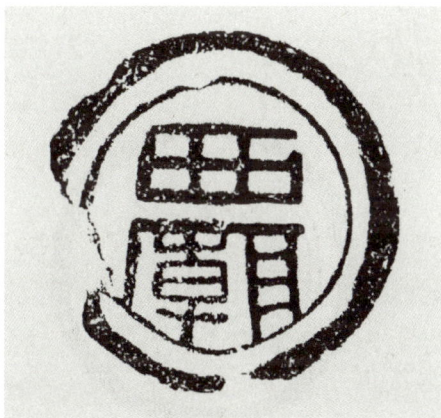

图 150 汉"西庙"瓦当

图 151 西汉"便"字瓦当

图 152 西汉"蒐氏冢舍"瓦当

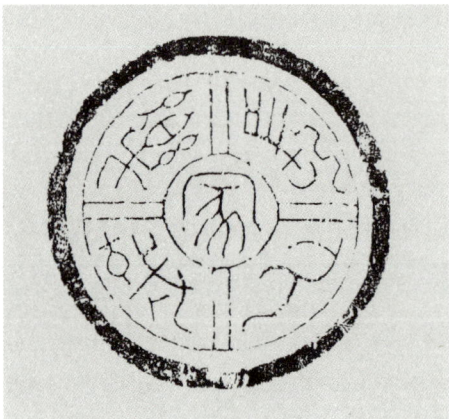

图 153 西汉"长久乐哉冢"瓦当

张冢当""杨氏冢当""周氏冢当""殷氏冢当""赵君冢当""崐氏冢舍"（图 152）、"东氏冢舍""麋氏冢筒"等等。

有些冢墓瓦当在"冢当"或"冢"字前加饰吉语，以祈安泰长久。如"长久乐哉冢"（图 153）、"长生毋敬冢""万岁冢当""神零冢当"等。

有些私家冢墓瓦当直称"冢"

图 154 汉私家冢墓瓦当

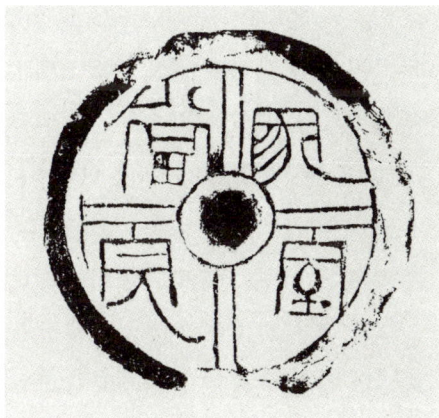

图 155 西汉 "冢室当完" 瓦当

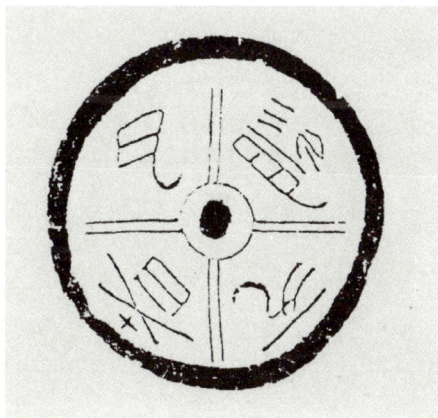

图 156 东汉 "盗瓦者死" 瓦当

"墓" "冢当"。有的还明确指出为冢墓上祠堂所用，如 "冢上" "冢上大当" "冢堂之当" "冢上瓦当" 等（图 154）。

另外还有 "冢室当完"（图 155）、"冢□（或释 "仓"）瓦当" "守祠堂当" 等。

"盗瓦者死"（图 156）是汉代冢祠瓦中十分别致的一件，孤品。为旧王孙、著名画家溥心畲（儒）秘藏。或曰洛阳所出，为东汉旧物。书法在篆隶之间，横折撇捺极为舒意，汉瓦文字中之神品。汉代厚葬，盗墓之事颇多。汉律重盗发陵墓，犯之者死。此当悬于墓上祠堂上，警戒心存不轨者。与隋李静训墓石棺顶部刻 "开棺即死" 四字类似，皆为恫吓盗墓者之语。

纪事类文字瓦当

汉代纪事类瓦当不多，但却十分引人注意。

"汉并天下" 瓦当　多出于汉代长安城内始建于武帝时期的建章宫遗址，另外还有武帝喜爱前往狩猎捕兽的长杨宫遗址（陕西周至）。直径一般在 16 ～ 16.8 厘米间（图 157）。此类瓦为西汉中期之物，可能与武帝讨平匈奴，西汉疆域首次得到空前的统一与安宁有关。秦汉之际，匈奴已建立了一个强大的奴隶制军事政权，拥有铁骑 30 万，控制了中国北部、东北部和西北部广大地区。西

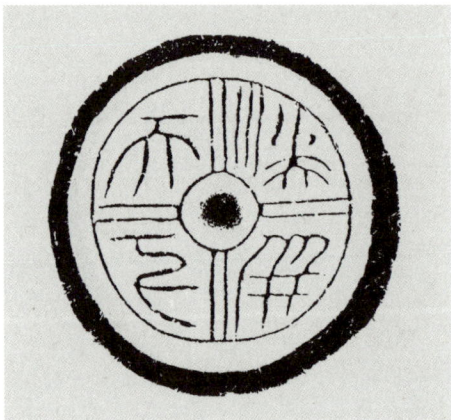

图 157 西汉中期"汉并天下"瓦当

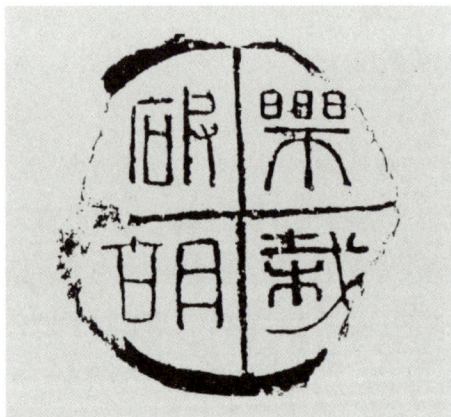

图 158 西汉晚期"乐哉破胡"瓦当

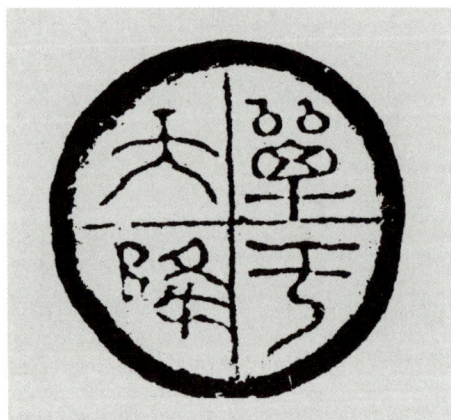

图 159 西汉晚期"天降单于"瓦当
（内蒙古包头汉代遗址发现）

汉初年，北方烽烟不绝。公元前 200 年，汉高祖刘邦在平城（今山西大同东北）被匈奴围困 7 日，险成阶下之囚。公元前 133 ～前 119 年，经过高祖的休养生息和文景之治，西汉实力大增。到汉武帝时，遂派卫青、霍去病连续 3 次大规模北伐匈奴，直追至赵信城（今蒙古国杭爱山下）。匈奴大败，汉朝北方最大的威胁解除了。同时汉朝又凿空西域，加强了中原与西域的联系，可谓天下归心。看看陕西兴平当年抗击匈奴的少年名将霍去病墓旁那浑朴磅礴的卧虎、跃马和马踏匈奴大型石雕，我们仿佛又听到霍去病横刀立马的不朽誓言"匈奴未灭，何以家为"！看到"汉并天下"那波澜壮阔的历史画卷。

"乐哉破胡"瓦当　此当也是西汉晚期汉朝击败匈奴进扰的历史见证（图 158）。"谈笑间，樯橹灰飞烟灭"，汉帝国的自信和不可撼摇的气势跃然瓦端。

"天降单于"瓦当　西汉晚期，在汉朝的军事打击下，匈奴势力严重削弱。随之，匈奴奴隶主奴役下的各族人民反抗日烈，内忧外患。昭帝之时，又雪上加霜，匈奴上层又发生五单于争立事件，继而分裂为南北两部。公元前51年，南匈奴呼韩邪单于降汉，后在汉朝帮助下重新统一了匈奴诸部。公元前33年，汉元帝将宫人王昭君嫁与呼韩邪单于，昭君出塞，结束了汉匈百余年来的你征我伐，恢复了汉初和亲的关系。以后几十年，汉朝的北部边境出现难得的和平局面。内蒙古包头汉代遗迹中发现的"天降单于"（图159）、"单于和亲"等纪事文字瓦当正是汉匈和洽的历史见证。此二瓦以单线十字分为四区，系西汉晚期瓦当的典型特征。

瓦文中还有"薪世所作"和"工者所作"两种（见《秦汉瓦当文》第181页），当为"物勒工名"之类。传出于山东临淄，当为东汉或更晚的东西。

吉语类文字瓦当

在当今可以见到的内容文辞不相同的三百多种文字瓦当中，吉语瓦当占到一大半。若以文字变化，存世数量论，吉语瓦当更占到各类文字瓦当的绝大多数。

现能见到的约一百多种吉语类瓦，文辞大约有："万岁""千岁""千秋""与天""无极""万秋""延年""富贵""万世""寿""大富""大吉""长生无极""长乐富贵""寿老无极""与天久长""长生乐哉""黄阳万当""与天无极""与地相长""遂阳富贵""未央利昌""四季平安""乐哉万岁""万岁未央""万岁万岁""安世万岁""安乐未央""安乐富贵""富贵毋央""富昌未央""长生吉利""延寿长久""并是富贵""高安万世""永奉无疆""亿年无疆""泰灵嘉神""万岁黄堂""永承大灵""寿昌万万岁""当宜子孙""乐未央""大贵富""千万世""宜富贵""大富吉""吉贵昌""大富昌""宜富昌""宜侯王""宜吉祥""大羊""大吉山山""万有憙""富贵万岁""长毋相忘""长生无极""常生无极""长乐未央""长乐万世""宜钱金当""长乐万岁""延年益寿""克乐未央""延寿万岁""与天无极""与天地无极""长生未央""千秋万岁""宜宜子孙""乐琅富贵""大宜之孙""大吉君王""千秋利君""吉祥宜官""千利万岁""日乐富昌""大吉五五""官利昌吉""万年未央""大吉日利""常阳颖用""春材万岁""永保国阜（或释"邑"）""安平乐未央""大乐万当""五谷满仓""六畜蕃息""（马）甲天下""与华无极""与华相宜""永受嘉福""安邑稠柱""千金宜富贵当""延寿长相思""长乐未央延年永寿昌""天子千秋万岁常乐未央""千秋利君长延年""千秋万岁与地毋极""千秋万岁与天毋极""千秋万岁余未央""万岁富贵宜子孙也""千秋万世长乐未央昌""长乐毋极常安居""千秋万世长乐未央""延寿万岁常与天久长""维天降灵，延元万年，天下康宁"。

以及具有汉赋色彩的："吉月昭灯""醴泉流庭""成况成雨""道德顺序""加气始降""仁义自成""时序□□""□临□桑""万物咸成""涌泉混流""四极咸依""光蝓古宇""流远屯美""屯泽流池""蜀菜□□""神气咸宁""永箐不□""斡箐不潹""掩依中庭""朝阳望崍""方春藩萌""崇蛹嵯峨""天地相方与民世世""中正承安""为臣忠信""为子孝慈"（图 160）等等。

图 160 西汉 "为子孝慈" 瓦当

这些瓦当大部分为西汉中晚期之物，少数为新莽（9～23年）和东汉（25～220年）之物。

王莽之时，改长安为常安，余如长生、长乐等中"长"亦无不改作"常"。"常"字出现在当时的文物上，如始建国元年（9年）常乐大官漆盘铭文，西汉好汉庙出土王莽各钱范常伴出"常乐"字样圆石。参照于此，瓦当中"常生无极"（图161）、"延寿万岁常与天久长""长乐毋极，常安居"（图162）以及俄罗斯南西伯利亚阿巴坎城附近出土的"天子千秋万岁，常乐未央"（图163）当为王莽时之物。福建崇安城出土有"常乐万岁""常乐""乐未央"几种文字瓦，陈直先生亦定为王莽时物。陈直先生的断代意见极有价值。但就"长""常"文字的使用而言，西汉铜镜上也常用"常"以表示经常、长久之意。

东汉文字瓦种类较少，较之西汉已大为衰落。主要出于河南洛阳、山东临淄和四川。如洛阳出土的"长乐万世"（图164）、"大吉五五"（图165），山东临淄出土的"千秋万岁""大吉万岁"（图166）、"吉祥宜官"（图167）、"春林万岁"（图见《秦汉瓦当文》第90页），四川出土的"宜

图161 王莽"常生无极"瓦当

图162 王莽"长乐毋极，常安居"瓦当

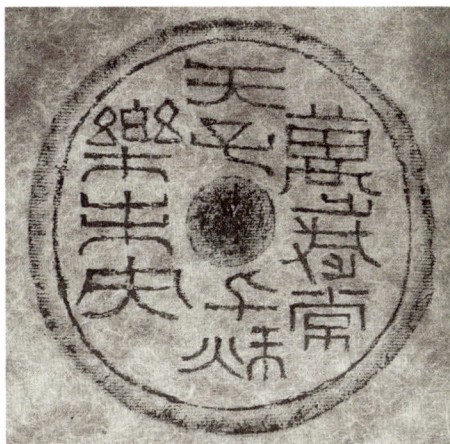

图163 王莽"天子千秋万岁，常乐未央"瓦当
（俄罗斯南西伯利亚阿巴坎城附近出土，赵熊摹）

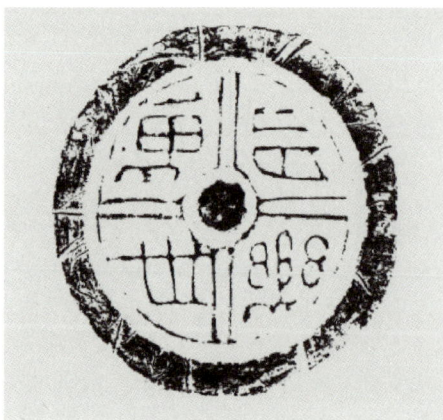

图 164 东汉 "长乐万世" 瓦当

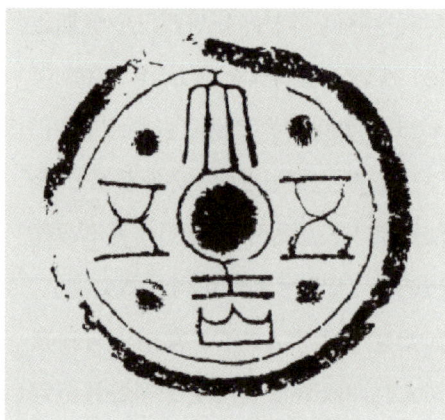

图 165 东汉 "大吉五五" 瓦当

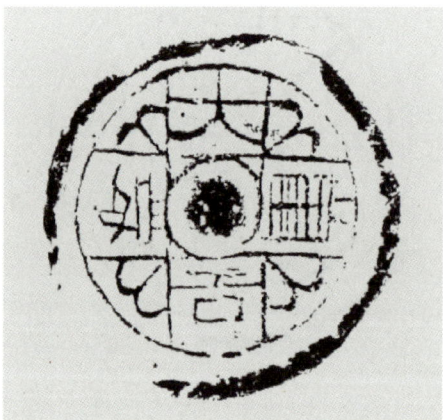

图 166 东汉 "大吉万岁" 瓦当

图 167 东汉 "吉祥宜官" 瓦当

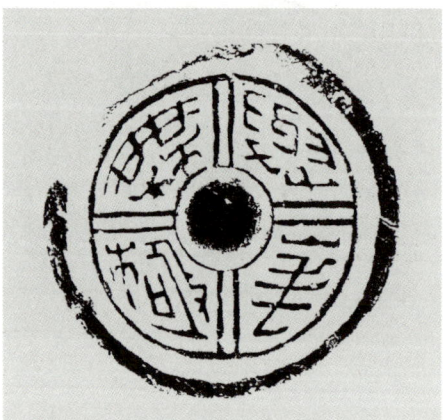

图 168 西汉 "与华无极" 瓦当

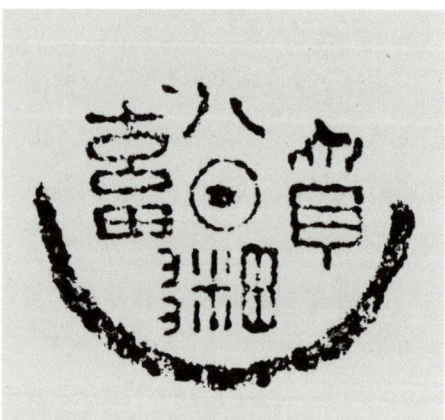

图 169 西汉 "六畜蕃息" 瓦当

富贵""大富吉""吉贵昌""大富昌""宜富昌""宜侯王""宜吉祥""大羊""大吉山山"等等。

西汉的吉语文字瓦，有专门用于仓廪的，如出于华仓的"与华无极"（图168）以及"五谷满仓"等。

有专门用于家畜驯养（如马厩），如旧谱已著录的出于西汉甘泉宫的"六畜蕃息"（图169）、"六畜兴旺"和"（马）甲天下"（图170）等。

"（马）甲天下"瓦当　直径16厘米，陕西淳化凉武帝村汉甘泉宫遗址出土。在人类对六畜（马、牛、羊、鸡、犬、猪）的驯化过程中，暴烈的野马驯化晚于性情温和的鸡、羊、猪等。上古时代整个欧亚大陆对马的驯化和家养最早兴起于黑海到里海之间的草原地区。在我国北方地区从新石器时代晚期的龙山文

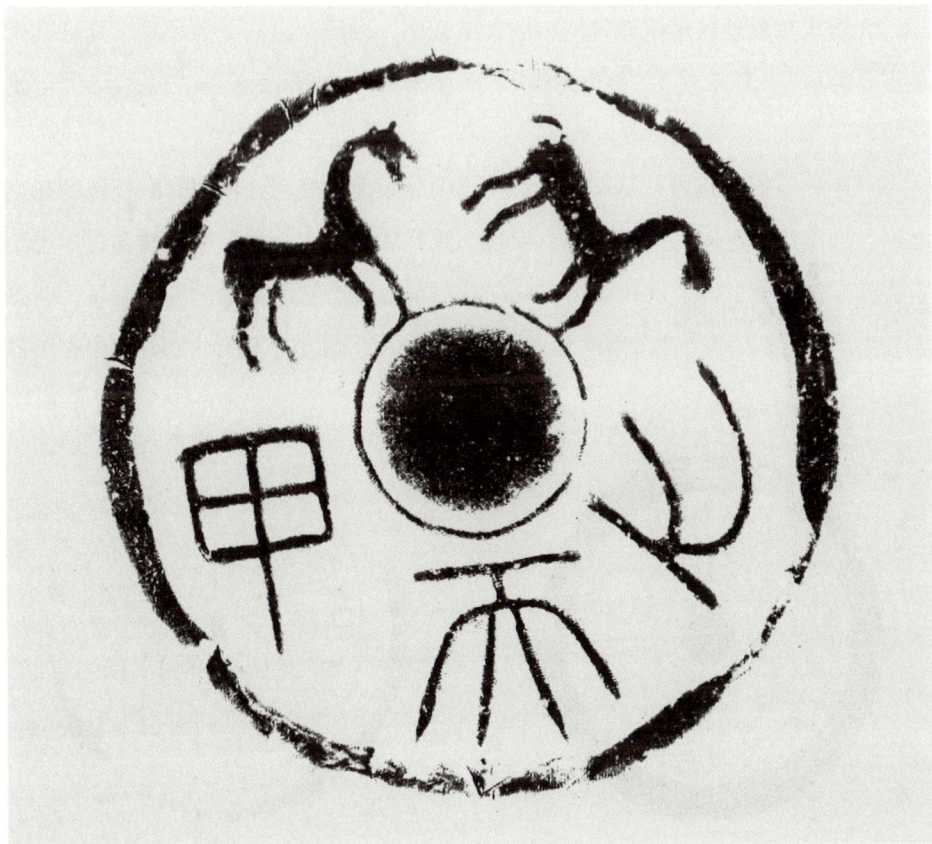

图 170 西汉"（马）甲天下"瓦当

化到商代晚期各种文化遗存中，均无马骨的大量发现。在安阳殷墟，我们看到最早的二轮马拉战车的遗址。至风云变幻的战国时代，作为"甲兵之本、国之大用"（东汉马援语），马开始为各国大量饲养。西汉为抵御来去无踪的马背天骄——匈奴，对养马业更为重视，建立了许多国家养马场，汉武帝甚至派远征军到今新疆一带去抢马。在武帝时常驾临的甘泉宫遗址发现"（马）甲天下"瓦，说明这一带可能有专供汉帝使用的皇家马厩，雄才大略的汉武帝马厩之马甲天下是不难想象的。

汉吉语瓦还有专门用于陵冢的，如汉哀帝义陵陵区建筑专用的"高安万世"（图 171）瓦当。陈直先生曾以此瓦当为高庙之物，为西汉初期之瓦。考古发掘证明"高安万世"不见于汉长安城中的高庙（今东查寨村南），而出于渭北的义陵。其瓦心周饰联珠为西汉晚期瓦当物证。此瓦直径一般在 15.5～18.2 厘米左右。

在西汉京畿地区皇室建筑使用的文字瓦中，吉语瓦占有重要比重，而这其中最主要的是"长乐未央""长生无极""长生未央""与天无极""千秋万岁""延年益寿"等。

"千秋万岁"瓦当　是汉代吉语瓦当中分布地区最广，使用时间较长的瓦当之一，如汉代京畿以外的辽宁亦有发现。此瓦版式极多，往往篆法精纯，"千"字在四字中笔画最简，汉代无名工匠往往巧加变化，有的如仙鹤凌空欲飞，姿态十分生动（图 172）。在考察的几十种"千秋万岁"瓦中，只有个别瓦当中央圆饼

图 171 西汉"高安万世"瓦当

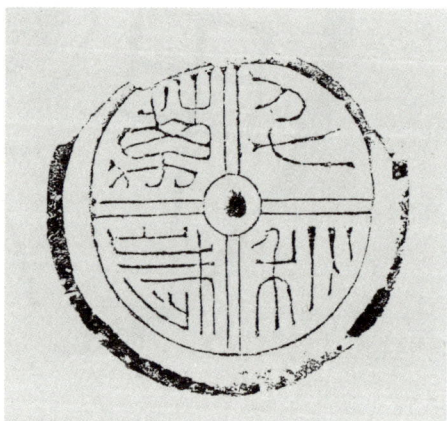

图 172 西汉"千秋万岁"瓦当

周饰联珠，总的说来，这类瓦当西汉中期使用更多些。

华仓曾出土一品"千秋万岁"瓦（图 173），边轮残，残径 11.7 厘米，当面施红彩。文字用鸟书，灵飞奇诡，为汉瓦文字中罕见逸品。另外"千秋万岁"系统中的"千秋万岁与地毋极"（图 174）和"千秋万岁与天无极"（图 175）亦为汉瓦中不可多得的佳作。

"长生未央"瓦当　汉武帝时最兴盛的甘泉宫的遗址和建于西汉中期的钩弋夫人云陵陵园以及陵邑建筑遗址使用的文字瓦当中，此类瓦当均占极大比重。另外汉长安城中未央宫前殿遗址、少府或其他官署建筑遗址、武库遗址、建章宫遗址亦有出土。瓦文变化多姿，清吴大澂在陕时曾统计有约 120 种不同的篆形，但罕见瓦心饰联珠者，时代相对偏早（图 176、177）。

"长乐未央"瓦当　西汉文字瓦中最主要和常见的几种之一，普遍使用于西汉中晚期的宫殿和帝陵陵区建筑遗址中。这类瓦多当心周饰联珠，此为西汉中晚期瓦当的突出特征（图 178）。"未央"者，未尽之意也。《诗·小雅·庭燎》云："夜如何其？夜未央。"

图 173 西汉"千秋万岁"瓦当（陕西华仓出土）

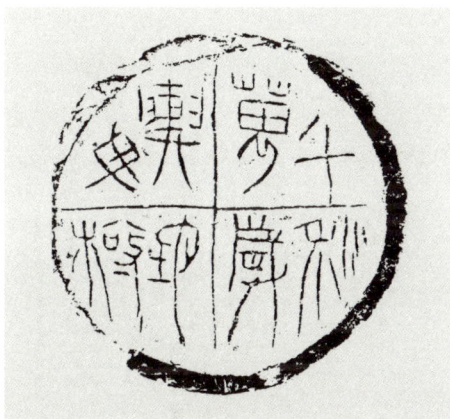

图 174 西汉"千秋万岁与地毋极"瓦当

图 175 西汉"千秋万岁与天无极"瓦当

图 176 西汉 "长生未央" 瓦当

"与天无极"瓦当　多出于汉长安城内重要宫殿遗址（图 179），亦常做"与天毋极"（图 180）。此类瓦饰联珠者无多，多为西汉中期之物。西汉中期修建的京师仓在五岳之一的华山脚下，又称"华仓"。华仓专用吉语瓦"与华无极"当从"与天无极"化来，近于长安见到一品和"与华无极"版式完全一致的"与天无极"瓦

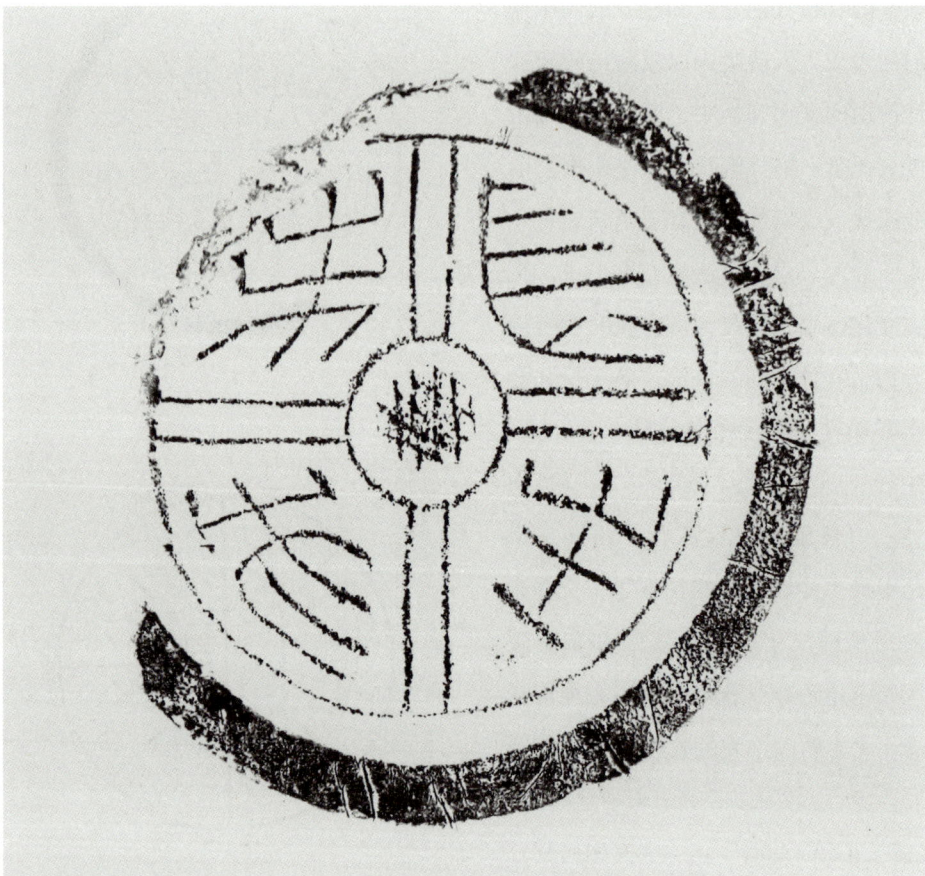

图 177 西汉 "长生未央" 瓦当

图 178 西汉"长乐未央"瓦当

图 179 西汉"与天无极"瓦当

图 180 西汉"与天毋极"瓦当（边轮残）

当，可以为证。"华"指危乎高哉屹立天地之间的华山。"与天无极"语还见于汉短箫铙歌及武帝封泰山文中。《汉书·路温舒传》有"与山石无极"语，后汉《史晨后碑》又见"与地无极"语，此皆汉人常用祝颂长久长寿之辞。

"长生无极"瓦当　普遍见于汉长安城宫殿基址及西汉中晚期帝陵陵园建筑遗址（图181），与"长乐未央"均为存世较多之西汉文字瓦。此类瓦或有直径达22～23厘米者，庞硕典庄，足见当年汉家宫阙之恢宏奇伟。"长生无极"当从"长生未央"和"与天无极"两瓦文中综合而来，时代自应略晚于后二者。"长生无极"瓦几皆在瓦心周饰联珠，显示出西汉中期偏晚及晚期特点。

"延年益寿"瓦当　多见于汉城内宫殿遗址（图182），流行于西汉中期，数量远较前述诸瓦为少。"延年益寿"系统的瓦当约有十种，其中"飞鸿延年"（图183）、"延寿长相思""延寿长久"都是汉瓦中的精品。延年益寿是人们与生俱来的美好愿望，《尚书·洪范》早把"寿"列为五福之首。

说到瓦当，"维天降灵，延元万年，天下康宁"十二字瓦（图184）恐怕是最著名的瓦当之一。此瓦直径一般为15.8～16.5厘米。它之前一直是汉代文字瓦当中字数最多的一种，近年才被新发现的西汉"程氏富贵为天思福禄延年报子孙长宜官秩寿万年"二十一字瓦当超越（图143），但其重要地位并未被动摇。十二字瓦当十分稀少，历来备受金石学家重视。但谈及时代，过去多只以瓦文近小篆，而定为秦物。秦李斯小篆泰山残石只残存九字，此瓦十二字，且被认为秦代真迹，

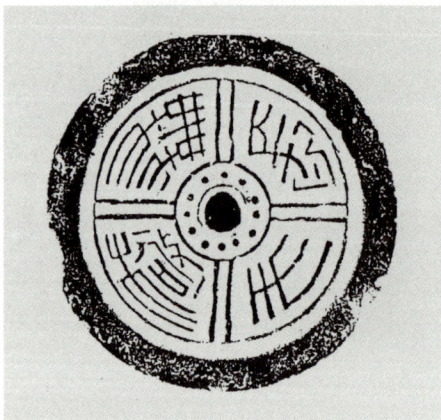

图181 西汉"长生无极"瓦当

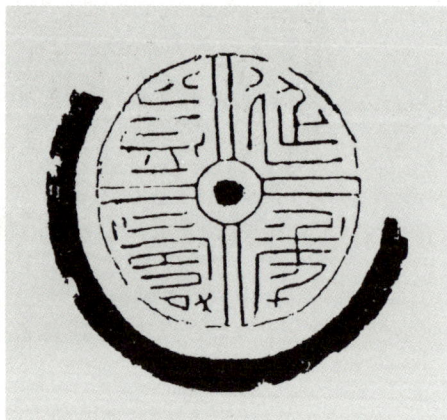

图182 西汉"延年益寿"瓦当

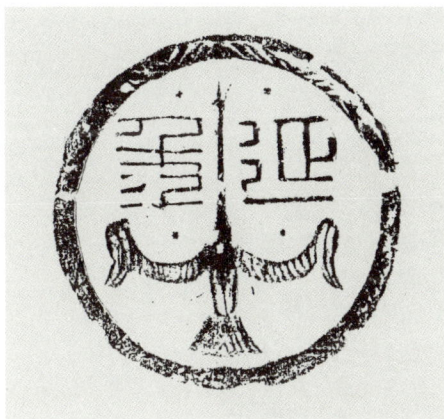

图 183　西汉 "飞鸿延年" 瓦当

图 184　西汉 "维天降灵，延元万年，天下康宁" 十二字瓦当

受到格外垂青，自不难理解。曾以得到一秦代瓦罐便喜不自禁的自号 "缶翁" 的艺坛大师吴昌硕，1920 年见到费龙丁藏的十二字瓦，欣然为之铭曰："研和璧，瓦嬴秦，字十二，琅琊魂⋯⋯" 缶翁以为此 "秦" 瓦得秦《琅琊刻石》（亦李斯篆）之神。十二字瓦广为各种瓦当谱录所记载，在近年的文章专著中还屡被人指为秦物。实际上，它应为西汉中期瓦当。过去人们多不明此类瓦当的准确出土地点，或云出于汉长安城，或传出秦阿房宫。20 世纪 60 ～ 70 年代，考古学家在汉长安城武库遗址的西汉中期地层中出土了这种瓦当，从而从地点和地层上科学地解决了十二字瓦的时代问题。从文字内容上讲，《尚书》《诗经》都有 "维天降命" 之语。《诗经》中并有 "君子万年" "奉考万年" 的提法。《尚书·洪范》中五福，一曰寿，三曰康宁。可见十二字瓦文内容多源自《诗经》《尚书》等儒家经典。秦始皇曾下令 "焚书坑儒"，限《诗》《书》藏于国家博士，他人谈论《诗》《书》一概处以极刑。如此他会张扬地将出于儒经的瓦文置于自己的宫殿上吗？再从史书中看，武帝 "罢黜百家、独尊儒术" 后，神灵、元、康宁之类的词成为西汉中晚期的时髦语言。再从十二字瓦的出土地点上看，也十分符合儒家思想。汉代儒生在解释 "武" 字时说，"止戈为武"，那么把息止于戈，希望国家万世长久、天下安宁的瓦文置于国家武器库的房檐上，不是十分合适的吗？现代人不是也常讲 "和平是对军人最高的奖赏" 吗？

　　出土十二字瓦的西汉武库在汉长安城中，按今天的行政区划在西安市北郊未

图 185 西汉"维天降灵，延元万年，天下康宁"十二字瓦当（上部尚残留三棱尖锥）

图 186 西汉布满三棱尖锥的筒瓦

央宫乡大刘寨。武库在汉未央宫和长乐宫之间，东西长约 800 米，南北宽约 320 米。武库中的建筑物主要有兵器库和守兵营。各种兵器均分类库藏，置于兵器架上。武库始建于高祖七年（公元前 200 年），王莽末年毁于战火。鉴于武库性质的特殊性，其安全保障格外重要。故西汉首都长安城中武库专用十二字瓦，瓦身表面布满三棱尖锥（图 185、186），为其他汉代宫殿所不见。

吉语瓦当中有一类十分特殊，文辞采用汉代辞赋语言，其实物主要发现于茂陵陵区和汉长安城，现举两例。

"醴泉流庭"瓦当   直径 18 厘米，初藏于咸阳刘氏大风阁，20 世纪 80 年代得于咸阳茂陵农家，后入藏西安秦砖汉瓦博物馆（图 187）。此瓦外廓为两道旋纹，拓片所现最外一道旋纹实际并不凸起。1975 年，茂陵陪葬墓东 500 米曾出土"光䲖古宇""道德顺序""加气始降"瓦当三品，面径皆 18 厘米，与"醴泉流庭"瓦直径、形制、字法风格别无二致，四瓦应出土于同一地点。

醴泉者，甘美之泉也。《汉书·宣帝纪》记，甘露二年（公元前 52 年）诏有"醴泉滂流，枯槁荣茂"语，可为"醴泉流庭"瓦作绝好注脚。此瓦与前举三瓦及同地采集的"泱茫无垠""屯（纯）泽流施""与民世世，天地相方，永安忠正""咸况承雨"等瓦用词皆为汉赋体。此类字瓦集中见于茂陵陵区及汉长安城一带，属西汉中期之物。武帝时重用文士司马相如、朱买臣、东方朔等，辞赋盛极一时。《汉书·艺文志》著录西汉辞赋七百余篇，其中武帝时期就占四百余篇。昭帝和宣帝亦好辞赋，效武帝故事，延揽了许多辞赋家。所以众多汉赋辞瓦出土于武帝、宣帝时代的茂陵陵区和霍光墓区也就不足为奇了。目前上举数瓦除"道德顺序"见到同范瓦二方外，其他皆为孤品。推测这些瓦当为茂陵陵区（包括霍光墓区）某个或个别几个大型祠堂建筑专用，数量极少，而且这些四字汉赋语瓦当时可能是从祠堂椽头从右向左顺次使用，从而由瓦当文字组

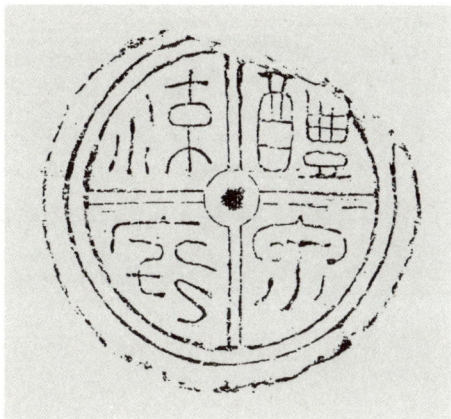

图 187 西汉"醴泉流庭"瓦当

图188 西汉“咸况承雨”瓦当

成一首完整汉赋，如现在可以见到的一些风格尺寸完全一样的“与天”“无极”（还有“千秋”“万岁”）瓦应为连续顺次使用一样。

“咸况承雨”瓦当　面径18厘米，藏于咸阳刘氏大风阁（图188）。主人告20世纪80年代在茂陵附近与“醴泉流庭”瓦一同得于农家。后入藏西安秦砖汉瓦博物馆。

“咸”，副词，相当于“都”“全”。“况”，副词，相当于“正好”“恰”。“咸况承雨”大抵都是用来承接雨露或正好用来遮蔽风雨之意。

其他类文字瓦当

其他类文字瓦当指不好归于前举各类的瓦当，如“天齐”“王者所当”（图189）、“什肆厕当”（京华梦斋藏）、“以为良人有以”等等。

图189 汉“王者所当”瓦当

“天齐”瓦当　直径一般在14～15厘米，绝大多数为半瓦（图190），也有圆瓦。山东临淄出土。这种瓦当著录见于罗振玉《秦汉瓦当文字》、关野雄《中国考古学研究》、日本《书道全集》和《齐故城瓦当》等。罗振玉曾释为“大衡”，关野雄曾依齐货币文字释为“大賹”，皆不确，应释为“天齐”。《史记·封禅书》云：“齐所以为齐，以天齐也。其祀绝莫知起时。八神，一日天

图 190 西汉"天齐"瓦当

主，祠天齐。天齐渊水，居临淄南郊山下者。"可见"天齐"是齐地得名的由来，更是齐地祭祀天主的祠庙之名。20 世纪 80 年代，赵超以为属战国到西汉早期之物，约十年后，刘庆柱在《中国书法全集·秦汉金文陶文卷》中撰文指出："山东临淄采集的'天齐'半瓦当，由于失去地层关系，难以作出科学的断代。"为此，我曾专门请教淄博齐瓦收藏大家王也"天齐"瓦当出土地点，王先生惠告："天齐瓦当只出土与齐故城之刘家寨遗址，其他齐地旧址未见。"又请教曾在齐故城考古发掘的徐龙国博士，得知："齐故城刘家寨遗址是汉代遗址，没有战国遗存。"如此看来，在没有科学考古发掘资料之前，"天齐"瓦当定为西汉时期，较为稳妥。或为中国古代最早的文字瓦当。

屋檐艺术

中国古代瓦当

风雨飘摇

——魏晋南北朝时期的瓦当

　　东汉以后的三国、西晋、东晋十六国，大约将近二百二十年间，中国社会处于长期的战乱之中，"白骨露于野，千里无鸡鸣"（曹操诗句），人口锐减，建筑文化受到极大的摧残而走入低谷。

　　但是建筑技术毕竟还在缓慢发展，就瓦当而言，一个巨大的变化就是瓦当不再像秦汉时期那样，直接扣压于椽头之上以保护椽头不因为"出头"而"先烂"。因为旧时瓦当的实用功能的日渐丧失，瓦当渐渐沦为一种纯粹的装饰，而再也没有了发展的原动力。

　　同时，由于佛教的西来与广布中土，瓦当逐渐为涂抹着浓郁佛教与世俗文化色彩的莲花纹与兽面纹瓦当所统治，并且越变越小。

　　那种富丽堂皇、丰富多彩、变化万端的秦汉瓦当时代结束了。

　　至目前，这一时期的瓦当，发现最多的地方是河南洛阳的汉魏洛阳城遗址和河北临漳的邺城遗址。

　　洛阳在东汉、曹魏、西晋、北魏时期长期为国家都城。2000年在洛阳汉魏故城北魏宫城阊阖门遗址发掘中出土许多云纹瓦当、莲花纹瓦当和兽面瓦当。1979年至1994年在汉魏故城北魏永宁寺考古发掘中，亦出土瓦当80余件。其中东汉到魏晋流行的边轮饰一周锯齿纹在西汉瓦当中所未见，颇具时代特点，与同时期铜镜装饰相类。另外瓦当内区界格线为三线，与西汉时期的多为两线也区别明显。如洛阳城辟雍遗址出土的云纹瓦当（直径13.8厘米）（图191）。

　　进入北朝，在瓦当上流行了几百年的云纹云散烟消。莲花纹瓦当和兽面纹瓦当基本一统天下。

　　洛阳永宁寺是北魏大名鼎鼎的皇家寺院，南北长约300米，东西宽约212米。其中始建于北魏孝明帝熙平元年（516年），神龟二年（519年）建成的永宁寺木塔高约136米，时人赞木塔"殚土木之功，穷造型之巧""辉赫丽华"。可惜15年后（534年）木塔便遭雷击焚毁。永宁寺遗址出土的莲花纹瓦当堪为北魏标准（图192、193）。另外莲花化生纹瓦当在复瓣莲花中模印一化生像，仅现上半身，双手合十，非常别致（图194）。佛经中称往生于极乐世界时，明信佛智之人化身于莲花之中。据《无量寿经》说："若有众生，明信佛智，乃至胜智，作诸功德，信心回向。此诸众生，于七宝华中，自然化生。跏趺而坐，须臾之顷，身相光明，

图 191 东汉末至魏晋云纹瓦当
（河南汉魏洛阳城辟雍遗址出土）

图 192 北魏莲花纹瓦当
（河南汉魏洛阳城永宁寺遗址出土）

图 193 北魏莲花纹瓦当
（河南汉魏洛阳城永宁寺遗址出土）

图 194 北魏莲花化生纹瓦当
（河南汉魏洛阳城永宁寺遗址出土）

智慧功德，如诸菩萨，具足成就。"所以在佛教石窟的雕塑中，常可见到莲花化身的形象。可见此际佛教对瓦当全面而广泛的影响。

洛阳出土的兽面纹瓦当亦堪为北魏样板。浮雕模印之兽面，怒目圆睁，长眉上挑，龇牙咧嘴，短鼻朝天，一派凶猛（图 195）。

位于河北临漳的古邺城，文献记载最早为春秋时的齐桓公所筑。建安九年（204 年），曹操平定袁绍后，营建邺城，并成为曹魏的五都之一（长安、谯、许昌、邺、洛阳）。唐宋之际，质坚品高的邺城古瓦最早引起文人关注，曹操在

图 195 北魏兽面纹瓦当（河南汉魏洛阳城遗址出土）

此营建的铜雀台因唐诗句"东风不与周郎便，铜雀春深锁二乔"而闻名天下。铜雀台瓦砚开瓦砚之先河，并成为瓦当引起世人关注之始。苏轼有诗叹曰："举世争称邺瓦坚，一枚不换百金颁。"西晋时因避晋愍帝司马邺之讳，邺城曾改名临漳，后又改作邺。十六国时期的后赵于 335 ～ 350 年、冉魏于 350 ～ 352 年、前燕于 357 ～ 370 年也都曾建都于邺北城。北朝时的东魏、北齐也曾建都邺南城，公元 580 年古邺城最终毁于战火。在那近三百年间，这里是中国北方的政治经济文化中心，也是北方门阀贵族的聚居之地。这里发现的北朝瓦当较多，与洛阳同期瓦当类似。其中少量文字瓦当值得注意。如十六国时期邺北城出土的 "大赵万岁"瓦当和邺南城出土的"富贵万岁"瓦当。

　　南望六朝，中国历史上的封建王朝统治中心第一次从传统的黄河流域南迁至长江南岸的青山绿水之间，东吴、东晋、宋、齐、梁、陈相继定鼎南京（建康）。曾经盛极一时的专制皇权有了些许松动与式微，有较高文化素养的世家大族参与到中央政权中，在相对宽松的社会氛围中，多姿多彩的六朝文化书写下中国文化史上独特飘逸的风流篇章。

　　在六朝文化的别样底色上，六朝瓦当展示了与北方正统的瓦当艺术颇不相同的风格特点。20 世纪 90 年代，因为贺云翱等先生的努力，我们对六朝瓦当渐渐有了较为系统的认识。

　　贺云翱将六朝瓦当分为云纹、人面纹、兽面纹、莲花纹、文字五类。

　　东吴、东晋云纹瓦当受到洛阳瓦当的强烈影响，如用三线分割当面，当面边缘加饰一周锯齿纹等（图 196）。

图 196 东吴至西晋云纹瓦当（江苏南京出土）

图 197　东吴至两晋人面纹瓦当

图 198　六朝兽面纹瓦当

人面纹瓦当（图 197）是吴、晋时期最具地方与时代特色的瓦当门类，细长的眼睛、竖长的鼻子、丰满的面颊令人印象深刻。其"人面"可能与某种宗教观念或"神人"有关。

兽面纹瓦当（图 198）在南京市区出土较多。这类瓦当最早出现在东吴时期。兽面纹多以线条勾勒，纤巧婉约，这与后来北魏洛阳兴起的兽面纹瓦当以块面构图、壮硕凶悍颇不一样。以兽面纹装饰瓦当，应与辟邪、压胜有关，或即《颜氏家训·风操》所谓"画瓦书符，作诸厌胜"。

"南朝四百八十寺，多少楼台烟雨中"。莲花纹瓦当是南朝最为流行的瓦当门类，广泛施用于包括庙宇在内的各类高等级建筑上。而建康莲花纹瓦当样式对同时期朝鲜半岛和日本都产生了重要影响。

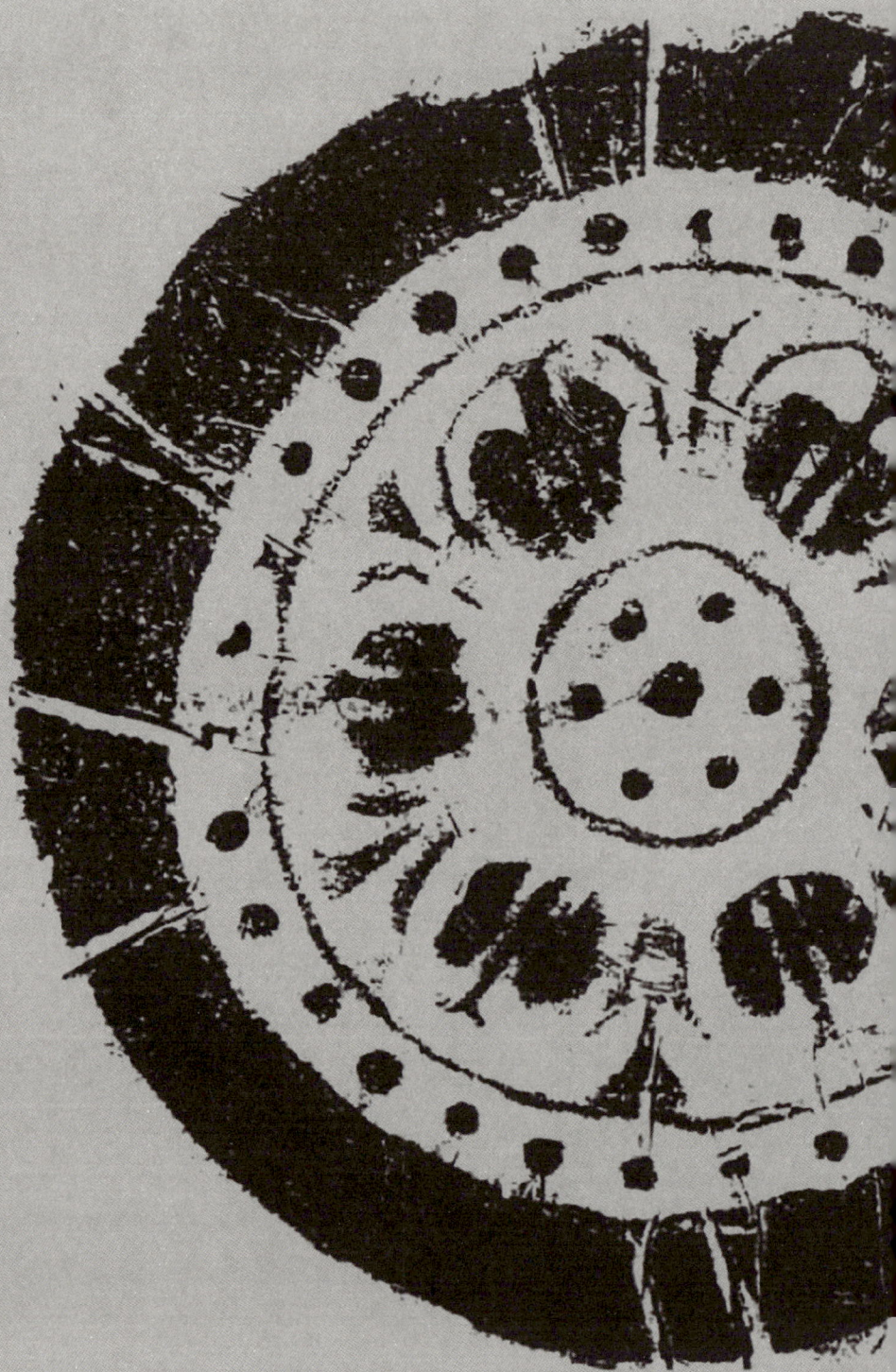

碧瓦朱甍

——隋唐时期的瓦当

　　走过你征我伐的南北朝时期，中国历史犹如冲过拥狭三峡险滩的长江，豁然开阔，渐入坦途。隋唐是中国封建社会最为繁盛的黄金时代，其时的建筑在继承两汉以来成就的基础上，吸收融化外来建筑的影响，形成了一个完整的体系。随着殿宇建筑技术发展的成熟，作为筒瓦底端的瓦当早已不直接扣挡于橡头。故瓦当普遍缩小，一般在 12 ～ 15 厘米之间。最小的只有 8 ～ 9 厘米，如此小的瓦当在秦汉时是没有的。

　　佛教自汉代传入中土以来，到隋唐，盛极一时，成为佛教在我国传播的第二次高潮。由于隋唐统治者的支持，长安一度有寺院 140 座，僧尼多达数万，不少寺院成为佛教各宗的圣地，许多高僧成为公卿乃至皇帝的座上客。由于佛教文化与中国主流文化的日益融合，佛教渗透到社会生活的各个方面。就瓦当而言，莲花纹瓦当已成为隋唐瓦当的绝对主流。莲花作为佛教最重要的纹饰源于佛祖诞生时，前行七步，步步生莲。在佛教雕塑中，佛祖要坐于莲台之上，这也契合于中国人对莲花出污泥而不染的认同。在唐代，无论是佛教的寺院还是皇家的宫殿，都主要使用莲花纹瓦当，另外还有忍冬纹瓦当以及少数的佛像瓦当。

　　其他还见到较多的是兽面纹瓦当，而文字瓦当西汉以后已呈颓势，至唐代只有个别实物见于报道，几成绝响。

　　莲花纹瓦当唐代遗址广为出土。按其花瓣的繁简、肥瘦、数量、花蕊的式样及外围联珠纹的不同组合，至少有四十多种。

　　单瓣莲花纹瓦当初唐以及中晚唐多见，环花蕊多为凸起莲瓣，莲瓣四周还有阳线装饰（图 199）。有的莲瓣直接以阳线勾勒，简洁明朗。中晚唐以后至宋初，莲瓣渐向细长条形发展，近似于菊花形，花蕊纹多以一周联珠纹为代表，莲瓣较为低平，数目增多，一般在十瓣以上，几乎失去了莲花的本来面目（图 200）。

　　复瓣莲花纹瓦当主要流行于盛唐时期。盛唐之时，社会极大繁荣，开元盛世，向为史家艳称。如日中天、富于自信、勇于创造的时代特征不但在诗歌、书法、雕塑、音乐上，而且在瓦当艺术上都抹下了浓郁健康瑰丽的色彩。此类瓦当莲瓣凸起饱满短壮，绝无削薄草率之感（图 201）。时代风格与盛唐之时华清宫朝元阁中老君像（现陈列于西安碑林博物馆石刻艺术陈列室）座上的浮雕牡丹花的风格完全一致，富丽、雍容、华贵。不管是单瓣还是复瓣莲花纹瓦当在莲瓣四周均饰以联珠纹，多数在联珠内还有一道弦纹。这在南北朝时期的莲花纹瓦当上并不多见，这也是鉴别南北朝与唐代莲花纹瓦当的重要参考依据。

瓦当自西周被发明使用以来，基本为灰陶，少数偏红，但基本不见施以琉璃（釉）。直至隋唐时期出现了琉璃瓦。考古学家在对唐长安西明寺遗址的发掘中发现了绿色琉璃瓦当的残片，从其复莲瓣的造型特征看，当为盛唐之物。

琉璃瓦当的制作是在通常瓦当制好以后，先初烧一次，然后出窑涂刷釉料，最后再次进窑焙烧而成。其釉料为玻璃材料，即石英、长石以及矿物类的着色剂。琉璃瓦（包括瓦当）的抗风能力及排水性都远好于一般的陶瓦。"碧瓦朱甍"（杜甫语）烘托着大唐殿宇金碧辉煌的全新气象。

最早出土唐代琉璃瓦当的西明寺是唐长安的重要寺院，遗址位于今西安西北工业大学老校区的南面，西安电子工业大学的西北面。建成于初唐高宗之时（658 年），沿用至晚唐。武宗灭佛时长安城中仅允许保留了四座寺院，西明寺即为其中之一。西明寺在中日文化交流上也起过重要作用，日本空海等著名学问僧都曾在此

图 199 唐莲花纹瓦当

图 200 中晚唐时期长条形莲花纹瓦当

图 201 盛唐时期莲花纹瓦当

图 202 唐兽面纹瓦当

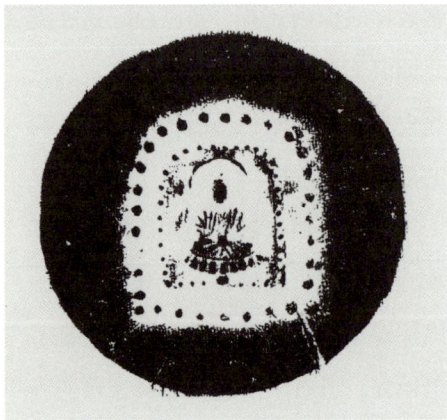

图 203 唐佛像瓦当

居住学习。

　　兽面纹瓦当在西安唐长安城、礼泉太宗昭陵、蒲城玄宗泰陵、靖边统万城、河南唐洛阳城、河北常乐寺等都有较多发现。直径一般在 13 ～ 15 厘米。兽面纹瓦当边轮一般较宽，当面突起，外缘常饰有联珠纹。兽面狰狞，样式各异。1979 年，礼泉昭陵献殿曾出土一件，当面直径 15 厘米，边轮宽 2 厘米。当面浮雕以蔓草勾绘出一个怪兽面部轮廓，两首弯眉上竖，怒目圆睁，鼻孔上翻，巨齿外露，额部有"上王"二字，颇为珍贵。近年唐华清宫（在今临潼）也出土了一些兽面纹瓦当，直径 8.5 厘米，中部为猛凶的兽面，周饰乍起蓬松的鬃毛，显出虎虎雄威。弦纹外是联珠纹和宽阔的边轮，为典型唐兽面纹瓦当（图 202）。

　　佛像瓦当是唐瓦当中的经典作品，较为罕见。隋文帝陵曾出土一品。近年陕西麟游唐慈禅寺遗址又出土若干。其中一件直径 11.5 厘米，当面平整，没有边轮，中部突起佛像。佛祖端坐于莲座之上，安详沉宁。紧挨佛像边沿有一圈联珠纹，在隔约 0.8 厘米处又饰一周较大的龛形联珠纹（图 203）。整个当面安排中心突出，简洁沉静，加上制作极精，观之不由令人肃然起敬。当面佛像与西安屡有出土的唐代善业泥（一种用高僧骨灰和泥烧成的小型陶佛像）无论从大小和造型上看都颇相似。慈禅寺位于唐代夏都九成宫（遗址在今陕西麟游县）东南三公里处，附近并有石窟，初步考察为初唐风格。《麟游县志》亦记载石窟开凿于唐永徽四年（653 年）。

　　从上面的介绍我们可以看出，隋唐之时，佛教对瓦当题材和造型的影响很大。在浓郁的宗教氛围中，我们似乎难以从瓦当上直接感受唐代世俗物质文化的高度繁荣与灿烂，因此唐九成宫遗址出土的一件唐胡舞纹瓦当（图 204）就显得格外的珍贵。

　　此瓦直径 14.2 厘米，中部有一浮雕模印的舞人形象。舞人当为男性，高鼻深目，持绸袒腹，矫健生风，为标准的胡人舞蹈家形象。其舞蹈的具体种类还有待进一步研究，大抵为健舞中的胡旋舞、胡腾舞之类。唐代是中国封建社会的极盛时期，自身的强大培养了唐人开阔豁达的胸襟。丝绸之路上，商旅、使节、艺人源源不绝，胡酒、胡姬、胡帽、胡乐、胡舞风行长安。西域的舞蹈给中国传统的舞蹈注入了可贵的新鲜血液，极大地推动了中国古代舞蹈的发展。当时从民间到宫廷，源自中亚和我国西北少数民族的舞蹈大受欢迎，观看胡舞成为一种习尚。在宫廷士大夫的夜宴上，胡舞往往是必不可少的节目。在庭前铺上一块地毯，舞蹈者便表演起来，酒酣曲终，常常已是黎明时分。所以在唐代文物中有很多胡人乐舞形象，

图 204 唐胡舞纹瓦当

九成宫瓦当上胡舞形象与西安东郊苏思勖墓室东壁乐舞图等就非常相像，也有学者认为瓦当中人像为一力士。

九成宫位于今陕西麟游县新城区，原为隋仁寿宫，建于隋开皇十三年（593年），它的设计者即是当时首屈一指的建筑学家宇文恺。隋文帝曾六次来此避暑。唐贞观五年（631年），唐太宗加以修缮扩建，改名九成宫。次年，欧阳询在此写下中国书史上的旷世杰构《九成宫醴泉铭》（魏征撰文）。太宗深爱此地，曾五次来此，每次都长住半年左右。武则天以后，九成宫渐渐荒芜，唐末为洪水彻底冲毁。

凝视着这方胡舞纹瓦当，我们仿佛听到了一代明主李世民亲自奏响的那融汇中西开拓进取的盛唐之音，看到了中外舞蹈家相互交流并美大唐舞台的雄浑历史画卷。

文字瓦当初兴于西汉中期，至晚期而极盛。王莽末年，西汉京畿遭绿林赤眉农民起义军的扫荡，几成废墟一片。东汉移都洛阳，文字瓦当骤衰。降至隋唐，

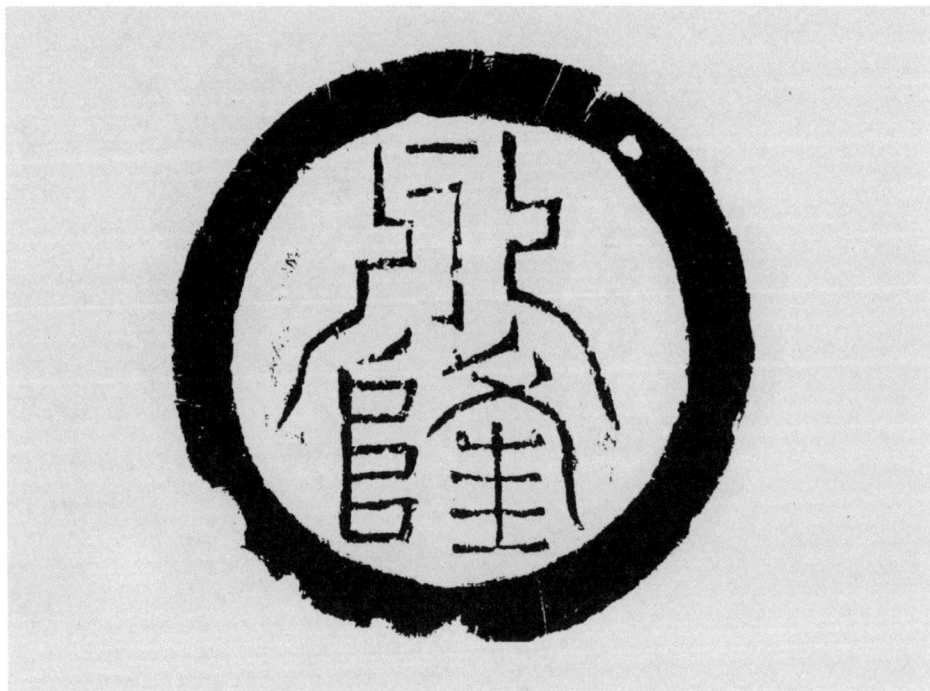

图 205 "永隆"文字瓦（陕西统万城遗址采集）

图 206　统万城西南城角遗迹

　　文字瓦当已稀若晨星。20 世纪 70 年代，考古工作者在统万城采集到一块"永隆"文字瓦（图 205），现藏陕西历史博物馆。瓦当直径 16 厘米，厚 2.5 厘米。因为它采集于赫连勃勃的统万城（今陕西靖边县），故被定为大夏遗物（413 ～ 427 年）。

　　提起统万城，人们自然想到大夏。大夏是晋义熙三年（407 年）由赫连勃勃建立，当时他自称天王，国号大夏。义熙九年（413 年），他任命叱干阿利为将作大匠，负责征发岭北各族 10 万人在朔方以北、黑水之南营筑都城，取号"统万"，寓"统一天下，君临万邦"之意。据说负责建造都城的叱干阿利对筑城要求极高，采用"蒸土筑城"之法，如他验收时用锥子能扎入城墙一寸，即将筑城的民工杀死，并将民工尸体筑入城墙中。如此四五年，城始建成，坚固异常（图 206）。暴虐无道，必至速亡，在曾经"气吞万里如虎"的赫连勃勃命归西天后的两年（427年），北魏太武帝拓跋焘的军队便攻陷了统万城的大门。

　　赫连氏统万城的确太有名了，以至人们似乎忘记了统万城中还有其他朝代的遗物。其实与"永隆"瓦同出统万城的莲花纹瓦当、兽面纹瓦当以及"开元通宝"等都是唐代的遗物。

　　公元 617 年，李渊在长安称帝建唐的前一年，夏州朔方人梁师都也在老家统万城称帝，国号"永隆"。直至公元 628 年，李世民在一一剪灭其他割据政权后，才最后将梁师都这个得到突厥全力支持的割据势力消灭。过去学者认为"古无以年号作瓦当文字者，且师都践祚不久即败亡，不可能营造大的宫室，故可断定瓦当不会是梁师都窃据时的孑遗"，只可能是赫连勃勃时期的瓦当。

　　我们认为"永隆"瓦完全可能是初唐梁师都统万城的遗物。第一，梁师都在统万城建都，国号"永隆"，在这里采集到"永隆"瓦，不应该是一个巧合，也不能以"古无以年号作瓦当文字"加以简单否定。更何况山西大同曾发现有"大魏太安四年"六字纪年残瓦当。如"永隆"瓦为赫连夏宫殿旧有，近二百年后，梁师都再在这里建都时，赫连夏的宫殿必已是一片残垣断壁。如梁师都手抚赫连夏"永隆"残瓦，想到赫连勃勃残暴不仁，不但没能"永隆"，反而一二十年便至亡国，竟不吸取教训，反以"永隆"为年号，似不近情理。第二，虽然梁师都在统万城只割据了 12 年，但给"总统府"盖一两间"大瓦房"是完全可能的。其实，赫连夏真正盘踞统万城也不过 15 年（413～427 年），只比梁师都多 3 年，他不

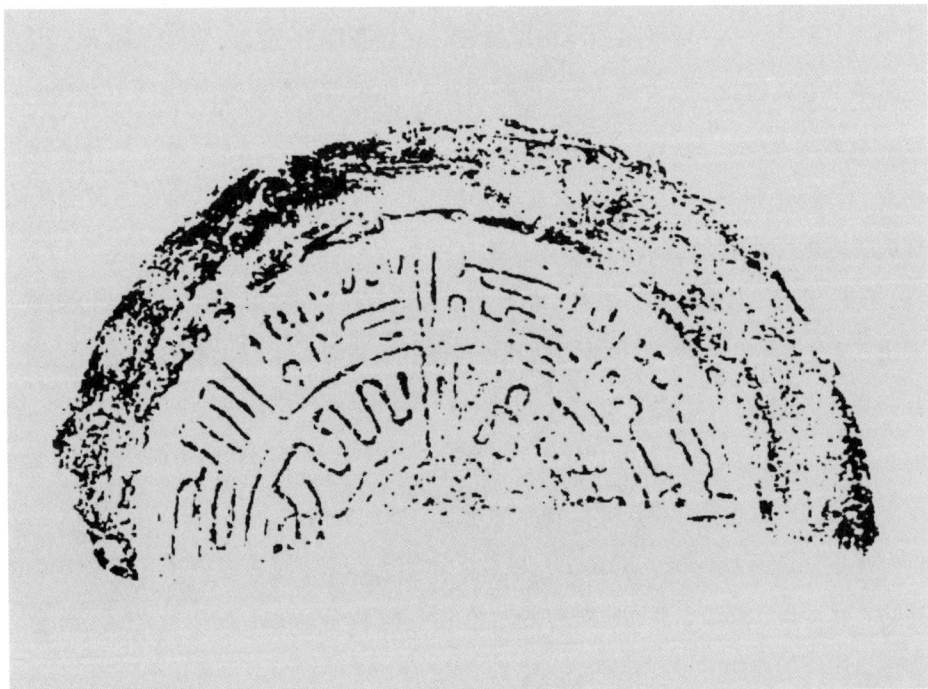

图 207　唐"长安宝庆寺"文字瓦当

是建设了一整套城垣和宫阙吗？第三，何以对统万城伴出的诸多唐代风格的瓦当完全认同，而独划"永隆"瓦为大夏之物？

"永隆"瓦文字糅合篆隶，极见书写味道，为汉代以来文字瓦中的逸品。遗憾于我们无缘手抚原瓦，从陶色制作上最终确认它的时代。但这方"长安宝庆寺"瓦当（图 207）则为唐文字瓦无疑。

此瓦《金石萃编》《金石索》均有著录，陈直先生 20 世纪 40 年代来陕后又出两品。其中之一现藏于西北大学文物博物馆，直径 15 厘米，瓦面以两道弦纹分成三区。内区饰一"寺"字，中区饰"长安宝庆"四字，现仅存"安庆"二字，外区存"之统□□"。宝庆寺在今西安南门内，著名的西安碑林之西。始建于隋文帝仁寿年间（601 ~ 604 年），会昌灭法时（845 年）毁。故晚唐诗人司空曙《经废宝庆寺》有云："黄昏前朝寺，无僧寒殿开。"可见晚唐时寺已荒败。至今已殿宇无存，唯一孤塔独立，塔为明景泰间（1450 ~ 1457 年）建筑。宝庆寺遗址已建为书院门西安师范附属小学。此瓦纯以文字构成，为唐时九叠文，与汉瓦当篆书已大异其趣，亦一时代之标准器也。

另，西北大学文物陈列馆还有一单瓣莲花纹瓦当，与常见之唐瓦无异，唯瓦当中部花蕊部有一"右"字。或以"右"即"佑"，乃保佑建筑及主人安康无灾之意。

落日余晖

——宋元明清时期的瓦当

　　宋代以降，瓦当继续呈衰退之势。瓦当题材中佛教题材大减，兽面纹瓦当成为瓦当的主流，另见少数莲花纹瓦当和龙纹瓦当等。

兽面纹瓦当

　　兽面纹瓦当最早出现于三国东吴地区，流行于辽、金、西夏和元，明代亦见使用。与唐代兽面纹瓦当最大的差别是唐代常见于兽面纹瓦当外围的联珠纹渐渐不见了。

　　辽兽面纹瓦当一般直径在14～20厘米之间，当面宽平，兽面略突起，蒜头鼻，椭圆口，口角上饰卷曲或笔直的胡须。其瓦多保留唐瓦遗风，在兽面外有一周联珠纹，其实物在辽中京城遗址中曾有出土。

　　金兽面纹瓦相比辽瓦更生动些，兽面突起较高，更富浮雕之立体效果。如内蒙古呼和浩特金代遗址曾出土一件，须眉清晰，没有凸起的边轮（图208）。

　　西夏瓦当的实例不多，从宁夏贺兰县宏佛塔清理的十余件完整兽面纹瓦当看，直径9.2厘米，白色或砖红色的胎上施有绿色琉璃，瓦当的制作较为精细（图209）。

　　元代兽面纹瓦当略近于金，但有简化趋势，獠牙外凸明显。1983年，内蒙古

图208　金兽面纹瓦当

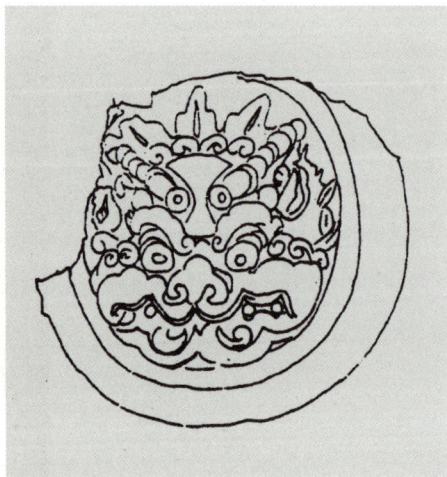

图209　西夏兽面纹瓦当

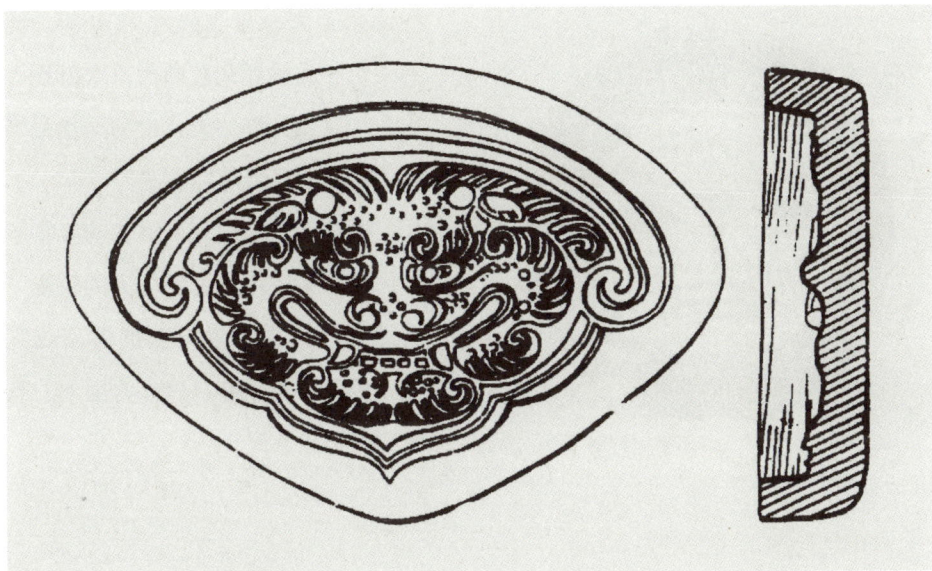

图 210　元瓦当范正面及剖面图

图 211　元瓦当范背面拓片

赤峰敖汉旗白塔子乡元代武平县遗址南约五百米处出土一件元代瓦当范（图 210、
211）。此范长 23.1 厘米，宽 16.6 厘米，厚 3.3 厘米。范为泥质褐陶，火候很高。
正面为扁桃形，兽面边缘饰勾云纹，背面略平，正中竖刻"至大叁年五月日记"。

图 212　明兽面纹瓦当

元武宗至大三年为公元 1310 年。此元代纪年扁桃形瓦范则为首次发现，为瓦当家族又添一员，也为元代瓦当断代增添了珍贵的标准器。

明代的兽面纹瓦当不像前朝富于立体感，主要用线勾勒兽面的轮廓。天津蓟县独乐寺塔出土的兽面纹瓦当，兽面以眉、鼻、口部为主干，有宽阔的边轮（图 212）。

莲花纹瓦当和龙纹瓦当

与唐代瓦当莲花纹多为正面俯视形象不同，辽、元、明瓦当莲花纹多为莲

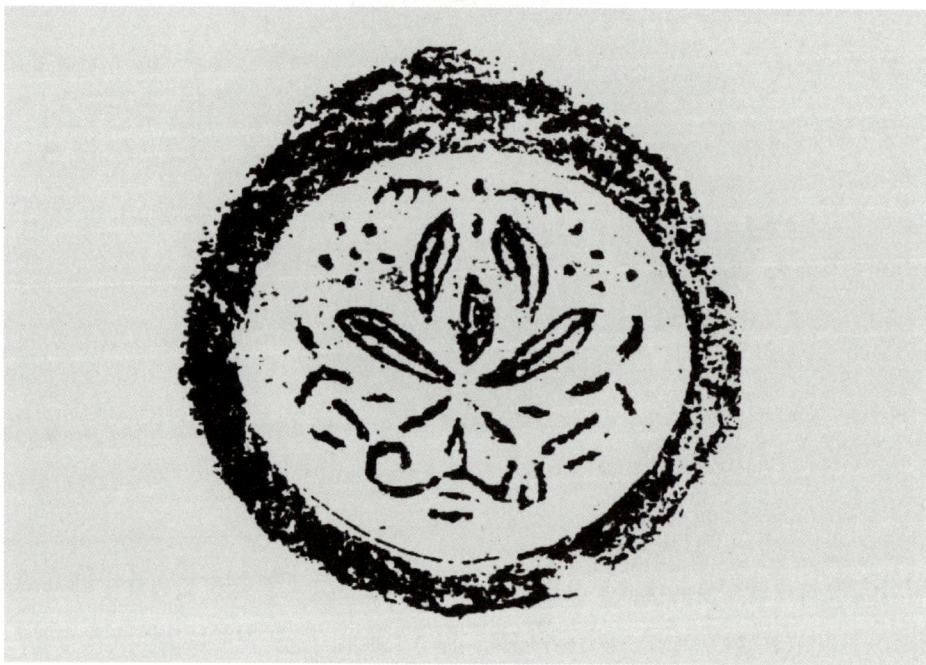

图 213　明莲花纹瓦当

图 214 明洪武绿釉龙纹瓦当（南京明故宫遗物）

花侧视绽开的形象，如天津蓟县独乐寺塔明代大修时使用的一方莲花纹瓦当（图 213）。

龙纹瓦当大抵出现于金代（1115～1234 年），沿用至明清。当面以浮雕盘龙纹为主体，辅以流云或宝珠纹等，其演变的基本轨迹是从粗糙而渐趋华丽。金代的龙纹瓦当往往龙首居中，粗犷强健。元代瓦当龙纹渐趋纤巧，龙为三爪，外缘还饰一周联珠纹。明代瓦当龙纹精细传神，龙身盘曲，极富动感，很好地表现了蛟龙腾云驾雾的非凡气派。南京明故宫遗址多有出土（图 214），西北大学文物陈列馆藏有一件明琉璃龙纹瓦当，直径 15.5 厘米，亦堪为一代之标准。清代瓦当龙纹鳞甲细密，常作五爪，造型匀整。但总的说来，明清瓦当的龙纹雕饰较甚，缺乏厚重之感。

中国古代瓦当的制作与使用

中国古代瓦当，自西周时由劳动人民发明创造，后又经过广大劳动人民在长期的生产实践中不断积累经验，提高制作技术，到秦汉时，达到鼎盛阶段，因此后人又以"秦砖汉瓦"作为中国古代优秀文化的代名词。正是这古朴的瓦当，它凝聚着古代劳动人民的辛勤和智慧，分析认识古代瓦当的制作工艺，有助于了解古代瓦当那幽深的文化内涵。

就目前所发现的瓦当进行观察分析，古代瓦当的制作具体可分为三种办法五个步骤。

三种办法是：先造瓦心，续造边轮，再续制筒瓦；边轮与当心一次范成后续制筒瓦。采用第一二种方法制作的瓦当，瓦当破碎时的茬口往往在制作过程的接合处，秦始皇陵就发现有这样的残瓦当。还有一种办法是模制法。用前两种方法制作的瓦当需要切割，就是所谓的"切当"技术。五个步骤是：制作瓦当坯；续制筒瓦；切割；晾干；烧制。

瓦当的制作方法，都是先刻出圆形木模（阳纹），用模可以压制出许多泥范（阴纹），入窑烧造便可获得陶范，这就可以使用了。制作瓦当时，将瓦范仰面放平，固定住，在上面撒些干灰，以防粘连，之后放上适量拌和均匀的软硬合适的陶泥，一起按压，即成一件瓦当坯。如果在刻模时不刻文饰或文字，那么得到的就是素面瓦当坯。到目前为止，陕西的咸阳秦都遗址、秦始皇陵遗址以及山东临淄等地考古发掘均发现制作瓦当用的陶范。瓦当坯制成形后，并不立即取出，而是在其上续制筒瓦。

制作筒瓦早期采用的方法是泥条盘筑法，这种方法流行于战国至西汉初期。泥条盘筑几圈后，便把瓦当和筒瓦的接缝抹平。有的陶工为了使瓦当和筒瓦粘接牢固，还特别在筒瓦内与瓦当的一圈接缝处另外附加适量粘泥，用指压实。

这里还要指出的是，制作瓦当坯时所用的陶泥中夹有一定量的细砂（少数地方加粗砂），这种加砂的做法是对新石器时代先民夹砂陶技术的继承。陶泥中加一定的细砂，可以改良陶土的成型性和在烧造时所需要的耐热急变性能。在战国秦汉时代，这一技术在制陶行业中得到广泛应用。除了在瓦当的断茬上发现有均匀分布的细小砂粒之外，在一些大型的陶质品，如秦始皇陵出土的大批兵马俑残片断茬上，都可以清晰地看到细小砂粒的存在。砂粒的掺入，增大了气孔，使瓦当可以均匀地受热和散热，有效地防止了瓦当在烧造过程中炸裂，提高了瓦当的成品率，生产出更多的瓦当，以满足帝王贵族建筑宫室的需要。

泥条盘筑好，拍打结实后，就可以进行切割了。有的还在陶泥未硬时，打印上戳记。戳记的部位一般在筒瓦上靠近瓦当的一端。戳记的内容有管理制陶业的官署机构名称、制陶工匠的来源地和姓名等。具体切割有两种方法：一是先自上而下纵切，至当背 2～4 厘米处再横切；二是先横切后纵切。如在洛阳中州路发现的瓦当，早期先横切，后纵切，瓦当背面留有切痕（图 215）。后期的做法是先纵切后横切，并将横切痕迹抹去，如此瓦当背面不再有切痕及棱角。半瓦当则只要从中央连瓦筒一起切开即可。切割的工具一般用刀、细棒、细绳。纵切一般多用刀和细棒（也有用细绳的），横切一般多用细绳（也有用刀的）。用刀和细棒切割的切口平滑，用细绳则往往留有勒痕。

1995 年 8 月间，我们在秦始皇陵园进行考古调查，在步寿宫遗址附近采集到了许多秦代陶片，其中有不少筒瓦、板瓦和瓦当残片，通过观察分析这些采集品，对秦代工匠的制瓦方法有了一定的认识。

这些陶片大部分都有陶文戳记，其中一块带陶文的陶片极为特殊，板瓦在制作时的切割处正好位于戳记正中，将戳记一分为二。发现的只是戳记的左半边，为一"状"字，从出土有"漆状"陶文的陶片判断，此戳记完整者应为"漆状"。而且，戳记在板瓦内部戳印时

图 215 早期瓦当及背面切痕

所形成的凹痕被切割时带起的泥掩住右部，有微微隆起之感。由此判断，瓦坯制成之后，是先打印戳记，然后才进行切割。切口平滑，且有刀修之痕，说明纵切时所用的工具是刀。

在另一带有瓦筒的瓦当上发现横切的断面上留有细绳勒割的痕迹。据痕迹分析：在横切时，细绳的一端固定不动，另一端则沿一定的方向旋转 90 度就行了。此外，还可以清晰地看到纵切到瓦当底部即当背处有细棒压印的痕迹，说明纵切使用到细棒，或者是与刀配合完成的。

通过对这些陶片的分析，可以了解到秦代工匠制筒瓦的方法有泥条盘筑法、轮修法和使用内模制作法。在利用泥条盘筑法制作的筒瓦内部，可以看到有泥条盘筑之痕，并有麻点纹（图 216）。采用内模制法的瓦筒内部印有布纹。布纹瓦早在战国晚期的郑韩故城就已出现，在秦代有所发展，至汉代普遍流行，这是古代制陶工匠在技术上的革新。

制好的瓦当坯晾干以后就可以入窑进行烧造。古代烧制瓦当必用瓦窑，最早的瓦窑目前还没有发现，但是在瓦当发达的秦汉时期的陶窑已有发现。这时的瓦窑已有官私之分，管理也相当严格。近年来在秦始皇陵园附近发现了秦汉时期的窑址，考古工作者初步认定是秦代瓦窑，沿用至汉初。窑址内发现大量砖瓦，从其规模和数量来分析，当为官窑。秦始皇陵园规模宏大，现已确定曾经存在的建筑物达几十处之多，这些建筑物需要大量的陶质建材（包括瓦当），这无疑要求就近建立相当规模的建材制造场所。这些窑址距秦始皇陵园很近，很可能就是当年修建秦始皇陵时烧造砖瓦的场所之一。

至于秦汉时期私窑制烧砖瓦，也理应存在。目前所发现的秦汉瓦当尽出于一些大的都城、陵邑、离宫等建筑遗址，其所用瓦当，当为官府督造，亦可能以官窑为主，私窑为辅。

制陶手工业发达，是古代社会（特别是在秦汉）经济发达的一个重要标志。考古工作者在秦始皇陵园发现的秦代板瓦和筒瓦，其残片上有许多陶文戳记，官府管理制陶手工业的机构名称有"宫水""都水""北司"等。表示制陶工匠来源地和名字的有"安邑皇""安邑禄""美阳工仓""降高""当阳克""皮氏卯""漆状"等。陶文戳记不仅是当时秦中央政府加强制陶管理的一种有效措施，

图 216　秦瓦当背面的泥条盘筑及切当痕迹

而且还可理解为是制陶工匠对自己的产品认真负责的一种表现。

至目前,在秦始皇陵发现的陶文戳记表明陶工的来源地有杜、好畤、新城、宜阳、美阳、安邑、蒲反、降、当阳、皮氏和冀等几十个,而且就是同一地方的工匠也有几个,如"安邑皇""安邑禄"。这与《史记》记载秦始皇从全国各地征调苦力为自己修筑陵墓之事吻合。在秦统一以前,由于政权分立,各地的瓦当制作各有所长,亦有所不足。而在秦统一后,各地的能工巧匠被征调到一起工作,这实际上是他们交流提高制陶技术的大好机会。加上政府的严格管理,制陶技术得到空前提高,这也正是秦汉社会制陶手工业发达的一个重要原因。到了西汉,统治阶级为自己建造的宫、观、苑等大型建筑并不比秦代少,汉王朝在中央亦设有专门机构来管理庞大的官府手工业生产。据文献记载,汉武帝时在杜陵南山下,建瓦窑达数千处。20世纪70年代初,在西安三桥镇南发现汉代陶窑数百座,留有各类完整瓦当达数百品之多。这些窑址,规模大,分布集中,地处西汉京城附近,

图 217　西汉云纹瓦当

很可能是官窑或者是受官府统一管理为京城提供陶质建材的民窑。西汉官府制陶业系由宗正属官都司空及少府官左右司空主管，东汉则由少府属尚方令主管，产品主要是归皇室贵族使用。

在古代建筑中，板瓦、筒瓦和瓦当是配合使用的。首先在房屋顶上将板瓦由屋檐口向上依次仰铺，要求上瓦压下瓦，这样铺设若干行，以覆盖屋顶。然后在两行板瓦间的接缝处，覆以筒瓦，带瓦当的筒瓦用在檐口，以护橼头，然后再依次覆以筒瓦，方法仍然是要求上瓦压下瓦。时至今日，人们在建造瓦房时多只使用板瓦，而很少使用筒瓦和瓦当了。古人为了使建筑物美观，常常给瓦当当面板瓦和唇部施以鲜艳色彩，常见的是涂以朱色，比如在秦始皇陵出土的秦板瓦唇部残片上就涂有朱色。在陕西华阴华仓遗址出土的一面云纹瓦当，底色全部施垩，卷云纹则涂朱色，色彩明快，异常醒目。西安秦砖汉瓦博物馆还收藏有一方西汉云纹瓦当（图 217）同时涂描了红、绿两种颜色。而今，我们虽几乎见不到秦汉建筑之实例，但是通过这一系列精美的瓦当图案及其鲜艳的色彩，仍能想见到其昔日的风采。

秦汉瓦当的鉴定与收藏

瓦当作为古代的一种建筑材料，不仅是过去金石学的重要内容，而且已经成为一个不可忽视的特殊收藏门类，具有重要的学术价值和艺术价值。

建筑是时代精神的物化反映，从另一侧面形象地折射出整个时代的社会状况和制度，反映着人们的审美认识和改造世界的欲望。瓦当是人类社会发展到一定阶段的产物，又是社会发展在人们头脑中的观念反映，是人类文明程度的指示物，可以印证历史文献的记载并弥补其不足，帮助人们认识人类社会的历史。比如秦瓦当，早期流行的各种动植物图案，所描绘的是秦人的早期生活，应是秦先民游牧传统或图腾遗风的反映。图案瓦当和文字瓦当，则把人们的观念在建筑艺术中一步步地具体化了。如汉代瓦当的各种变化的云纹图案就反映了当时"降灵""康宁"的心态。这与汉代宫殿祥云缭绕的氛围和求仙升天的思想密切相关。文字瓦当一方面是当时社会繁荣、国泰民安的反映，另一方面则是当时人们所普遍存在的祈求康乐、富贵、长寿、安宁、太平、祥瑞、幸福等意识的反映。另外，结合文献记载，还可以看出秦汉建筑审美的主导思想，新兴地主阶级提倡美"当今"、法"新圣"，"文为质饰"。在艺术追求与表现上自由宽松，信心十足，毫不浮夸矫饰；在思想与意境上，能够把现实与理想有机地结合起来而达到完美的统一。秦汉瓦当还蕴涵着充实的内在力量，积极向上的精神意向和审美情趣。

古代瓦当上的文字，是判断建筑物的年代，印证、确定或补充秦汉宫苑寝殿的名称与位置的重要依据。西汉时期普遍出现的文字瓦当，有许多是当时官署、宫殿、陵园建筑物的名称。如汉"京师仓当"瓦当的出土，证实了今陕西华阴市灌北与渭口之间，曾经是西汉"京师仓"的所在地。与之同出的"京师庾当"，过去虽曾见诸著录，但不知所出何地。"庾"即"仓"，在城市里的叫仓，在郊外的叫庾（亦专指水漕之仓），古时候仓庾经常连用，如《史记·孝文本记》中："发仓庾以赈贫民"就是这个意思。这两种文字瓦当同时出土，说明京师仓又名京师庾，它还更进一步地表明这个仓在野而不在邑。虽名"京师仓"，未建在京城，而设在华阴，可能是为了便于粮食从水路漕运，这与汉代从关东漕运粮食以备京师所需的历史事实正相吻合。

陕西咸阳原上发现的"长陵东当"瓦当为确定汉长陵位置提供了依据。而西汉长陵位置的确定，又对西汉其他皇帝陵位置的探讨具有重要的参考价值。咸阳北阪发现的具有战国时期齐国临淄风格的双兽树枝纹半瓦当，是确定六国齐宫位置的重要实物资料。"兰池宫当"瓦当可为寻找秦始皇兰池宫遇盗的地点提供线索。

20世纪40年代于宝鸡东关掘得的"羽阳"瓦当，得知今宝鸡附近有秦武公羽阳宫旧址。但从瓦当的形制和字体来看，应为汉瓦，故知为"秦宫汉葺"之制品。凤翔"棫"字云纹瓦当和"棫阳"宫瓦的发现，不仅肯定了棫阳宫地望"扶风说"的谬误和"雍说"的正确，而且证明了棫林在华县一说的错误。

汉代文字瓦当的内容健康优美，构图内在完整，画面风格洗练大方，具有强烈的运动感和积极乐观的审美意趣。瓦当是研究中国文字演变与书法艺术的实物资料，已引起艺术界人士特别是金石学家的浓厚兴趣。目前所见的文字瓦当，字数不拘，少则一字，多则十余字，其中以四字为最多；延续了《诗经》、汉赋的书写格式和诵读节奏，后来成为文学诗歌、成语、印章乃至门楣的基本形式。一直到今天，中国的许多地区，特别是在陕西关中地区，人们在建筑物上仍以福、禄、寿等字作装饰，或在门楣上写有"安居乐业""惟静是安""宁静致远"等吉祥自勉语句。汉代瓦当的文字分布疏密得当，顺序井然，且又变化丰富，布局灵活。仅四字的排列次序就有八种之多，而字数较多的排列更见多变与随意。这些排列形式趣在静中寓动，不论疏朗空灵还是饱满充实，都统一于一个严正古拙的基调之内，带有秦汉文化特有的大气和意蕴。

文字的适形性处理，也是文字瓦当构图中令人叹服之处。"安世"瓦当（图218）中将笔画处理得与外边平行，因而具有重复的视觉效果；"宫"字瓦（图219）中的"宫"则尽力夸张弧线而成迷宫样。圆形的瓦当在运用方块汉字时，自理手法比方正的汉印更加得心应手。汉文字瓦当的画面趋于平和与均衡，适合我们民

图218 汉"安世"瓦当

图 219　弧线夸张的"宫"字瓦当

族平缓、和谐的审美心理节律。

　　秦汉瓦当的边轮是瓦当特有的边框，边轮一般较宽。它在整个建筑中有以点边线的视觉效果，并不显呆板沉闷，边轮内的细边和界线又从中起到了活泼的调节作用。边轮显示出旋转、律动、圆满、浑厚的美感，粗大的边、瓦心与文字、联珠点形成了面线点富有活力的画面。在不大的天地内显示了极大的创作自由。瓦当的阔边、界线和笔画，随着建筑物的毁灭而变得破损残缺，使原先流利平润的线条变得沧桑虚淡、生涩冷逸，而更别具动

图 220　西汉"大吉益昌"瓦当

人魅力（图 220）。

画面构图的处理也依赖于文字的造型。瓦当文字字体间或有鸟虫篆(图 221)，但多数为汉代通行的"缪篆"，它是由篆向隶过渡阶段的工艺美术化篆书。以书法作装饰，汉人较之前代有独到之处，在瓦当上的运用创造了内容与形式完美结合的典范。

文字的造型也得益于制作的刀法。建筑的实用功能，要求文字瓦当必须有粗线条的远视效果；模具的刻制，又规定了瓦当文字宜为阳文。光的照射，投影的衬托，色彩的渲染，使

图 221 西汉"永受嘉福"瓦当（鸟虫书）

图 222 西汉"与天久长"瓦当

图 223 线条细劲的"千秋万岁"瓦当

图 224 线条圆浑的"万岁"瓦当

图 225 布局随意的"阳遂富贵"瓦当

画面的视觉效果极为鲜明醒目（图222），但须在粗的制作中加进细的局部处理，以求得细视的品位。因为瓦当是以范模制作成的，拓片的效果更清楚地反映出模具刻印的艺术特色。文字瓦当的线条或粗或细，或方或圆；字形或刚或柔，或曲或直，都尽力依文字内容传达出更多的画外意境，经得住远视和细审。线条细者，细劲健挺，如"千秋万岁"（图223）；线条粗者，饱满丰实，如"万岁"瓦（图224）；"盗瓦者死"文字冷逸峻峭，有狞厉之美。另有一些瓦当布局随意，字体潇洒，书写无羁，有写意的趣味，如"阳遂富贵"（图225），将此线条与较早的战国帛画、汉画像砖石及汉墓帛画的线条一起分析，可以看出它们既有早期美术稚拙朴素的情感和揭示自然与人生的欲望，又有今人无法释读的神秘意味，是物质与精神的统一体。汉代文字瓦当的线条方圆相济，古朴苍劲，明快隽永，与秦汉印玺一起，创造了线条美的规范，成为判定书画线条金石品味的标准。

汉代文字瓦当通过充满信心的文字，变化多端的布局，寓意深远的造型，柔韧遒劲的线条等创造了非凡的艺术感染力。在精神上，它是秦汉王朝一统天下勃勃雄心的象征；在艺术上，它将中国古代对立和谐的造型美法则寓于其中，展示了民族的审美理想的隽永魅力。

文字瓦当以其丰富多彩的内涵和它特有的艺术气质与魅力而芳斐于世，它虽质地粗糙，颜色灰暗，但却有一种独特的朴实美、装饰美。古代社会虽与我们相隔数百年甚至上千年，但每当看到这些瓦当，我们仿佛嗅到了古代文化的芳香。

正是因为如此，早在宋代之时，瓦当就引起世人的重视。到了清代，瓦当收藏之风大炽，瓦当收藏富甲天下者如清末的封疆大吏端方、富商谢文清。谢氏所收皆关中所出，由陕西名宿礼泉宋伯鲁为之鉴别，故绝无赝品。所收如"涌泉混流""崇蛹嵯峨""加气始降""加露沼沫"等瓦当皆绝精之品，共有一百余件。另外安康宋云石（1889～1958年）亦藏瓦近百，精品有"八风寿存当""永受嘉福""有万憙"等。其中许多已制成瓦砚，故其斋馆号曰"百瓦砚斋"。其旧藏87品瓦当于20世纪50年代已捐献陕西安康文管会。

改革开放以来，特别是近30年来，随着社会的安定，人民生活水平的提高，瓦当收藏大兴。著名瓦当大户如京华路东之、西安任虎成任军宜父子、安今尧、山东临淄王也等等。而今除专做瓦当收藏的以外，社会上还有越来越多的爱好者以收藏几品古代瓦当（尤其是秦瓦当）为一种时尚。

但是，出土的东西不能满足求者的需要，于是假冒伪劣品乘虚而入，不少人常常是珠与鱼目不分，弄巧成拙，有扫雅兴。那么，如何才能收藏到有价值的瓦当真品呢？这就存在一个如何鉴定古代瓦当的问题。

同其他文物鉴定工作一样，鉴定工作的任务有两个，一是辨真伪，二是识优劣。二者相比，辨真伪问题是第一位的，识优劣则次之。不明真伪，优劣问题无从谈起。

一般地对古代瓦当的鉴定主要从以下几个方面进行：

第一，观察瓦当上留下来的制作痕迹，从其制法上去分析鉴别。以秦汉瓦当的制法为例，这一时期的瓦当以汉武帝时代为界可分为前后两期。前期圆形瓦当的制作采用了"切当"技术。此类瓦当中，时代较早的瓦当边轮较窄，其宽度往往与瓦筒厚度相近，且不太规整。因为边轮是和筒瓦一起用泥条续造的，只是在制作过程中加了修饰。时代较晚的瓦当边轮与当心一次范成，然后再接于瓦筒上。"切当"技术是西汉早期以前制作瓦当的主要工艺，一直延续到西汉武帝时，武帝太初元年的建章宫就出土不少这种"切当"瓦当。秦汉瓦当制法的变化在武帝中期。武帝茂陵陵区建筑遗址多建于武帝时期，这里出土的"道德顺序"文字瓦当等均非"切当"，这时的圆形瓦当均为当心和边轮一次范成，然后接于筒瓦之上，因之瓦当边轮宽平、当背平整，无绳割（或刀割）痕迹。也就是说，"切当"技术淘汰至迟于武帝时期。而在昭帝平陵及以后西汉诸帝陵陵区建筑中，从未发现"切当"的瓦当。如果见到秦动物纹瓦当背平如饼，未用"切当"之法，或见到明显带有西汉晚期瓦当特征而当背用了"切当"之法，便可判为伪作。

半圆形瓦当的制法是先成圆形瓦当头，然后再在其上盘筑成圆筒体，于其中部由上向下纵切，切透当心，即形成两个半圆形瓦当。

由于瓦当不同时期的不同做法，表现在瓦当边轮上的区别也就十分突出。一般地，凡属"切当"的瓦当边轮较窄，且不规整；非"切当"的瓦当边轮较宽，比较规整。

有的瓦当后面保留着部分筒瓦，这也是瓦当断代的一个重要依据。凤翔县石家营村的房屋建筑纹瓦当，从其边、瓦色、大麻点纹、泥条盘筑痕迹来看，结合其图案，可以判断它是战国早期的秦国之物。筒瓦纹饰也有地区差异，在关中地区战国秦汉时代的筒瓦表面饰细直绳纹，背面为麻点纹。秦代和西汉时期，筒瓦表面的细绳纹明显变粗，背面均为麻布纹，直到西汉结束这种风格都没有改变。如在楚郢都寿春故城，战国时代筒瓦表面饰绳纹，有直行、斜行和交错排列，绳纹间断分布。其绳纹的变化是由细深变为粗浅。筒瓦里面以素面为主，间有小乳丁、凸麻点、小方格和直横绳纹。西汉前期与战国时代筒瓦纹饰相比变化较小，西汉中晚期的筒瓦则表面为浅细绳纹，里面为横而浅的细绳纹。因此，以瓦当后面所连接的筒瓦来判断瓦当时代，还应注意其地区差异。

第二，从陶质陶色去区分。不同时期的瓦当，质地不尽相同，色泽也不完全一样。以关中地区的瓦当为例，战国时代的瓦当呈铁灰色，质地坚硬，夹细砂成分较多。而在河北易县燕下都出土的战国燕兽面纹半瓦当，虽为夹砂陶，但夹的是粗砂，夹粗砂是战国时燕国瓦当的陶质特点。近年有这样一些瓦当流入西安市场，抱梅山房主人处藏有两品。笔者曾前往目验实物，如不是它夹粗砂的特点，很难确认它是秦六国宫殿遗物还是燕下都遗存。秦代和汉初的瓦当颜色为纯青或浅灰，较之战国时代瓦当颜色略浅，而且汉瓦当的土锈多于秦瓦当。在《新编秦汉瓦当图录》中已注明陶色的 123 品瓦当中，基本上可以反映出这一规律。

第三，瓦当从形制上可以分为半圆形瓦当、圆形瓦当和大半圆形瓦当三种。各地的半圆瓦当的出现一般都早于圆形瓦当，大半圆瓦当则极为少见。在关中地区，西周时就有半圆瓦当。齐故城临淄出土的瓦当，在西汉以前以半圆瓦当为主，以后则以圆形瓦当为主，东汉时半圆瓦当消失。而燕下都出土的瓦当多为半圆形的，且形体笨重硕大；邯郸赵王城则基本是圆形瓦当；关中地区出土的战国秦汉瓦当大多为圆形。这些瓦当形制方面的特征，对鉴定瓦当是有一定帮助的。由于制法上的差异，秦汉瓦当的形制明显不同。秦瓦当边轮用手捏成，较窄，且不规整，往往留有明显的指纹。汉代瓦当边轮宽厚而齐整，背面往往还有一个大指窝。汉代瓦当背面的切割痕迹均用手抹，有平滑之感。现在市场上见到的一些瓦当赝品，当面文字较好，但背面的制作痕迹则伪造拙劣。熟悉瓦当背面及筒瓦的制作痕迹，对鉴定瓦当真伪显得越来越重要。

有无分区、界格，当心圆以及当心圆内纹饰的变化，也是秦汉瓦当在形制方面的一个重要区别。

以陕西关中地区为例，战国前期和中期的单体和双体动物纹瓦当，以及部分复合纹瓦当，当面均无分区、界格，也不见当心圆。而战国中期以后的大多数复合体动物纹瓦当，当面分成四区，界格线为单线或双线，当心圆亦为单线或双线，线条多用绳纹。有的虽无分区、界格，但当心有一凸起大圆饼（当心圆）。秦雍城遗址所出"四兽纹"瓦当即是。这种布局一直延续到西汉晚期。在王莽九庙遗址出土的"四神"瓦当当心就有一个大圆饼（有人称为"乳丁"）。

云纹瓦当当心圆轮廓线有绳纹和单线条两种，绳纹当心圆时代偏早，一般在战国中晚期。单线条的界格和当心圆出现于战国中晚期，沿用到汉代。需要指出的是：在不同时期当面径与当心圆以及其中圆饼的比例有所不同。如战国时代的秦都咸阳 1 号宫建筑遗址出土的变形云纹构成的兽面纹瓦当面径 15.2 厘米，当心圆径 5.5 厘米，饼径 3.9 厘米。而到了西汉晚期，云纹瓦当面径与当心圆及当心圆中所占比例，都小于秦瓦当。另一比较明显的时代特点是西汉中晚期的四分区云纹瓦当当心圆与圆饼间往往饰有多枚联珠，这种纹饰，越晚越普遍。秦汉云纹瓦当当心圆中，除圆饼之外，还有四叶纹、网格纹、曲尺纹、树枝纹、米字纹、十字纹、莲籽纹、同心圆等，它们大多流行于西汉中期及以前。

第四，从纹饰上区别古代瓦当。西周时的瓦当多为素面，或是简单的几何纹图案。在齐故城出土的半圆形瓦当中，树木双兽纹要早于树木卷云纹，是更早的一种纹饰。这种纹样后来演变出两类纹样，一类是树木双骑纹，一类是树木双兽纹搭配乳丁纹或三角纹或箭头纹或卷云纹。后来，双兽纹消失，出现以树木纹为主题，配以三角纹、乳丁纹等。不久树木纹开始消失，出现了以卷云纹、乳丁纹为主要纹样的瓦当，其持续时间比较长。燕国瓦当的纹饰多为怪兽图像，常见的是饕餮纹半瓦当。这类瓦当正面为一兽面（习称饕餮纹）倒置，下部则为两兽（疑为虎）回首，颇具巧思。《陕西汉画》第144号，所谓的"（汉）虎头半瓦当"实即为此类战国燕瓦（图226）。秦瓦当注重纹饰的变化，而汉瓦当则注重文字的变化，这是秦汉瓦当最显著的区别。

秦瓦当出现最早的是各种动植物纹瓦当。其中动物纹瓦当的出现要稍早于植物纹瓦当，以动物纹圆形瓦当出现最早。它首先发现于陕西凤翔春秋战国秦遗址中，主要动物纹有：麋鹿纹、子母鹿纹、獾纹、夔凤纹、蟾蜍纹、猎人斗兽纹、鹿鱼纹、

图 226 虎头半瓦当（《陕西汉画》称其为汉瓦，实为战国燕瓦）

鹿犬雁纹等，其中以各种鹿纹瓦当最具特色。动物纹圆瓦当，有从单体动物纹到复合体动物纹发展的趋势。如在战国中晚期的秦咸阳城和芷阳城遗址出土的动物纹圆形瓦当中，单体动物纹很少见到，大多数是复合体动物纹，而且在同一个当面上出现多个或多种动物。这些图形瓦与凤翔出土的瓦当相比，所不同的是，当面出现四个界格，这是秦汉瓦当分区格局的先河。这时的当面纹饰除鹿（但鹿纹所占比例减小）、马、鸟、鱼、龟、雁等外，还出现了一些如蜻蜓纹等新的动物纹。

秦瓦当中，最具地方和时代特色的是葵纹瓦当。葵纹是由"辐射纹"和"旋云纹"发展而来的，在战国之初已出现，并很快流行起来。首先是在雍城，尔后扩大到栎阳、咸阳，一直延续到西汉初年（演化为云纹）。

葵纹瓦当在秦纹饰瓦当中，占有重要的地位。葵纹瓦当的发展比较有规律，了解这一规律，对这类瓦当的鉴定极为重要。由葵纹演化而来的云纹，是关中秦汉瓦当的大宗，随秦汉统一局面的形成，这种纹饰的瓦当很快由关中推及全国各地。秦汉云纹瓦当大致可分为四种：云朵纹、羊角形云朵纹、反云纹和蘑菇形云纹。这四种云纹的变化，在陕西关中地区比较突出的特点是由繁到简，具体表现为尾端由多圈变为单圈。另外，云朵纹外围是否有栉齿纹，也是区别时代早晚的又一纹饰特征。西汉晚期以前的没有栉齿纹，自西汉晚期起，有了栉齿纹，一直延续到东汉。

总之，瓦当的纹饰往往有着自己的发展演化规律，注意观察瓦当纹饰的变化，是鉴定纹饰瓦当的一个重要方面，研究各种瓦当纹饰的发展变化规律，对鉴定工作是绝对有益的。

第五，注意瓦当的出土地点（采集地）以及邻近地区的文化遗存情况，确定瓦当的出土层位，是对古代瓦当断代的又一重要依据。关于这一点，仅举二例加以说明。

如"维天降灵，延元万年，天下康宁"十二字瓦当，长期以来，许多人都认为它是秦代文字瓦当的代表作。就这种瓦当的出土地点和地层问题，有的说它出土于"咸阳及汉城遗址"，有的说它出自"长安县西刘村以南"，还有的说它出土于"阿房宫旧址"。用这些地层关系来证明这种十二字瓦当是秦代之物，显然是有缺陷的，因为他们忽视了瓦当出土地点及其邻近地区的文化遗存情况。咸阳虽曾为秦之故都，但在邻近的北原之上还有汉陵九座，陵邑五座，至于其他汉代建筑遗址则更多。这里的文化遗存如此之多，怎能简单地以其出土于"咸阳及汉城遗址"说它是秦物呢？阿房宫旧址曾是西汉上林苑的一部分，"长安县西刘村以南"的邻近地区也有汉代文化遗存，如此混杂的文化遗存，是很难把它定为秦代之物的。

地层关系对于瓦当的断代固然重要，但前提是地层关系必须明确。否则，断代会失之千里。

又如《西北大学藏瓦选集》中提到的："'高庙万世''西庙'诸瓦，应为汉高祖庙堂建筑之物。……今汉长安城内北部有村名曰高庙，在村西尚存高大夯土台基一处，疑为高祖神庙之遗存。"刘庆柱先生对此持不同意见。其一，"西庙"并非"高祖庙堂建筑用物"，惠帝庙在高祖庙西，故称"西庙"，"西庙"文字瓦当应为惠帝庙堂用瓦。其二，今汉长安城北部高庙村并非因高祖之庙而得名，村西高大夯土台基更非"高祖神庙之遗存"，此乃汉长安城北边东数第一城门——洛城门之遗址。高祖庙故址在汉长安城南部，安门以内，安门大街以东，长乐宫西南，今东查寨村。刘庆柱先生注意到了汉长安城内复杂的文化遗存及其相互关系，因此他的见解是符合实际的。

由于汉承秦制，在秦汉宫殿遗址内秦物及"秦宫汉葺"之物很多，对于这些秦汉文化遗存中的瓦当的鉴定，特别要注意地层关系。对一般的瓦当爱好者、收藏者来说，了解瓦当出土的地层关系似乎没有多大实际意义，但是对搞学术研究的人来讲则很重要，而且，研究者的成果对一般瓦当爱好者有参考作用。至目前为止，有许多文字瓦当，因地层关系不明确，给鉴定工作带来了诸多不便，人们只能从文字内容、当面布局以及其他方面去进行分析判断。如"羽阳千岁""羽阳千秋"等文字瓦当，没有可靠的地层关系，仅仅从文字内容，当面布局等方面去考察而产生歧见，有人说是秦物，有人则说是"秦宫汉葺"之物。

第六，注意瓦当的文字款式，分析其内容，考察其反映内容的历史背景，并与其他相关的建筑用材上的文字进行对比，这一点，对于文字瓦当的鉴定尤为重要。

瓦当上的文字是一定时代的产物，自然也是一定时代背景的反映。

比如"维天降灵，延元万年，天下康宁"十二字瓦当。从这种十二字瓦当文字的内容来看，这些词句出于《诗经》《书经》等儒家典籍之中。《书·酒诰》和《诗·周颂》中均有"维天降命"的语句；《诗经》中还有"君子万年""寿考万年"的诗句；《书·洪范》载："五福：一曰寿，二曰富，三曰康宁，四曰攸好德，五曰考终命。"秦代统治者压制儒学是不可能把儒家经典中的语句作为瓦当文字，置于建筑物醒目之处的。而在汉代，统治者倡导儒术，与十二字瓦当文字内容相近的语句在《汉书》的一些《纪》《传》中屡见不鲜。西汉中晚期，以"灵"为"神"或为"天子"。为"神"者，多"神灵"并称。如《汉书·郊祀志》载，太令史谈、祠官舒等曰："神灵之休，佑福兆祥"；又载："后元帝寝疾，梦神灵谴罢诸庙祠，上遂复焉"；"甘泉、河东之祠非神灵所飨。"以"灵"为天子者，如《汉书·杨雄传》之《校猎赋》载："于是天子乃以阳量始出……六白虎，载灵舆"，此"灵舆"即天子之舆。汉儒"神""灵"相通，"命""灵"并论，"维天降灵"实系《诗》《书》"维天降命"之衍生。

西汉中晚期，喜用"元"字。大儒们视万物为"元"，并以"元"喻王朝、国家。皇帝的年号也多用"元"字，含"元"的年号有：建元、元光、元朔、元狩、元鼎、元封、后元、始元、元凤、元平、元康、初元、元延、元将、元寿、元始。

"康宁"一词在西汉中晚期的使用也颇为广泛。如《汉书·董仲舒传》载："夙夜不皇康宁"；又《霍光传》载："天子思光功德，下诏曰：'天下丞庶，咸以康宁'"等等，均为例证。

由此可见，"神灵""元""康宁"等语，似为西汉中晚期的"时代语"，其出现应与当时尊崇儒术的历史背景有关。汉武帝罢黜百家，独尊儒术，儒家经典上的文句书于瓦当之上，置于重要建筑物的醒目之处，是合乎情理的。

"十二字瓦当"与西汉中晚期流行的十二字砖，从字数乃至句式上均基本一致。如陕西韩城市芝川镇的西汉中期扶荔宫遗址出土的"夏阳扶荔宫令壁与天地无极"十二字砖；汉长安建章宫太液池遗址附近出土的西汉中期的"延年益寿，与天相侍，日月同光"十二字砖；山西省洪洞古城出土的"海内皆臣，□登□熟，□□饥人"西汉十二字砖，此与方若《校碑随笔》卷二记载的洛阳出土的"海内皆臣，岁登成熟，道母饥人"十二字砖的砖铭相同。可见，砖与瓦当的文字，受着同一时代的历史影响，所以"十二字瓦当"应与上述十二字砖的时代相一致，即为西汉之物。

　　"子孙永保"瓦当，著录见于《瓦当汇编》《秦汉瓦当文》。文字瓦当出现在文景时期，所用文字大多为篆书，偶见一二分隶。汉瓦上的篆书系以小篆为基础加以规矩方正，与当时的汉印文字（缪篆）是一致的。"子孙永保"一词最早见于西周中期的金文中。当时一般在篇末缀"子子孙孙永宝用"等习词。至春秋，"宝"改用"保"，此吉语演化为"子子孙孙永保用之"之类。至汉代已不见此类吉语，只是在铜镜、玺印、瓦当上常见相近者，如"长（大）宜子孙"等吉语，而且其书法风格与西周金文已大异其趣。此瓦虽仿汉瓦，但文字用春秋辞语和写法，且书法拙劣，一望便知其为伪作。

　　第七，要鉴定瓦当，还必须对瓦当的作伪情况有所了解。瓦当作伪的对象一般是秦汉瓦当，因为秦汉瓦当在古代瓦当中所占的地位重要，作伪最为有利可图。秦汉瓦当的作伪，在清代乾隆时就已出现。当时仿造最有名的要数申兆定，仿造集中于西汉文字瓦当。与汉瓦真品相比，申之所仿，呈深黑色，吸水性小，质地坚而密。而汉瓦真品，为淡青色，吸水性大。

　　一般说来，瓦当的作伪分两种情况。一是用真瓦作伪，常常是取汉城所出云纹瓦当，磨去四格中的纹样，然后用石灰或油灰屈蟠成文字瓦当，现在更多是用水泥；或者仍用云纹瓦当，磨平当面，另刻瓦文。这种方法做成的瓦当，因审视瓦质、当背及边轮皆无问题，极易走眼。不过仔细观察会发现文字堆砌不自然，当底因磨铲，也不甚平，时露刀痕。有的则将边轮残毁的稀少文字瓦磨成薄片，镶入尺寸相同、挖出云纹的瓦当中，再以油灰弥饰缝隙。这样的瓦当因用两块真瓦拼成，缝隙已不易察觉，所以极难被识破。新中国成立前，宋云石先生的百瓦砚斋所藏"都司空瓦"即属这种伪作。二是先仿真瓦刻范，依范印瓦，入窑烧造，然后再有意粘上泥土作旧，此法所得，皆彻头彻尾之假货。虽貌视古朴，但仔细观察，仍有新造做作之感，与土中所出，迥然两样。另外，这种做法的瓦当，背面光滑，无瓦筒破裂之痕，这种伪作目前市场上极多。

　　如前所述，文字瓦当自来是瓦当作伪的重灾区，故下面以民国黄浚《尊古斋瓦当文字》为例，再谈谈根据瓦当拓片鉴定瓦当真伪的几个例子。

　　民初杰出古玩商黄浚，字百川，号衡斋，原籍湖北江夏。清光绪二年（1876年）其叔黄兴甫从湖北进京赶考，落榜后，便在琉璃厂附近的安澜营开设私塾，学生中不乏一些古董商子弟。因所见古董渐多，遂能鉴别一般文物。光绪二十三年（1897年）黄兴甫在琉璃厂开尊古斋古玩铺。次年，戊戌变法失败，黄兴甫认为要维新，必须向洋人学习，故而将侄子黄浚送入京师同文馆。黄浚在同文馆读书八年，通晓德、英、法三国语言。毕业后，曾在德国奇罗佛洋行做译员。宣统二年（1910年），黄浚接替叔叔正式执掌尊古斋。他在经商的同时，留心文物资料的保存与研究，成为古玩界不可多得的学者。金石收藏家端方、宝熙，书画家溥心畬、周肇祥，学者罗振玉、马衡、郭沫若、胡厚宣等都曾是尊古斋座上客。过人的学识与眼力帮助他积累起大量财富，人称"黄百万"。1952年（或云1951年）去世，享年72岁。

黄浚编著宏富，在古玩界足可称一时无两。所幸清华大学图书馆藏有黄浚编《尊古斋金石集》《尊古斋瓦当文字》《尊古斋古兵精拓》《尊古斋古镜集景》《尊古斋造像集拓》《尊古斋陶佛留真》《尊古斋古玉图录》等原拓稿本七种，20世纪90年代初由上海古籍出版社分别影印出版，使我们得窥黄浚收藏之一斑。

《尊古斋瓦当文字》收录战国至唐瓦当拓本220种，其中绝大多数为战国至西汉各类瓦当真品原拓，但也有10品颇为可疑者，下举几例。

"千秋万世长乐未央昌"瓦当（图227），伪。

作伪者缺乏古文字知识，比照真品"克隆"篆书瓦文时，将"万"字上中下三部分，"长"左下部分都做错了。气息呆滞、污浊，没有真品舒意自如的神采。笔画交接处氤氲，拖泥带水，不似真品畅爽、清新。

"千秋利君长延年"瓦当（图228），伪。

此瓦系根据"千秋利君"瓦当（图229）的词句及写法，参照"延寿万岁常与天久长"瓦当（图230）的当面设计，而炮制的伪品。虽然这次文字写法勉强无误，但书写笔势乖谬，如"千"字的中竖拐向左方，"年"字千部横画两头上翘皆令人莫名其妙。既无"千秋利君"瓦当婀娜、飘洒，亦无"延寿万岁常与

图227　"千秋万世长乐未央昌"瓦当（伪）

图 228　"千秋利君长延年"瓦当（伪）

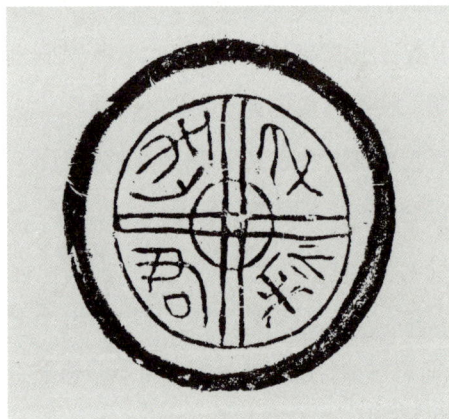

图 229　"千秋利君"瓦当（真）

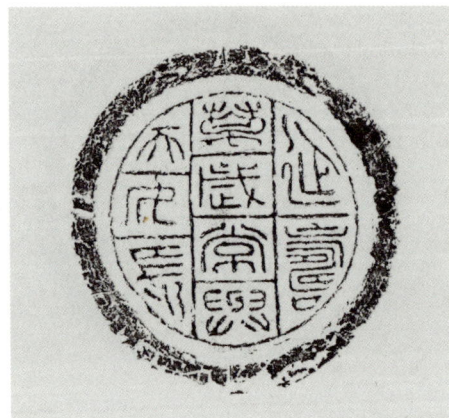

图 230　"延寿万岁常与天久长"瓦当（真）

天久长"瓦当的典庄、堂皇，显得小气、猥琐。

"千秋"瓦当（图 231），伪。

"千秋万岁"瓦当是汉代吉语瓦当中分部地区最广的、使用时间较长的瓦当之一，甚至西汉京畿以外的辽宁亦有发现。此瓦版式极多，往往篆法精纯，在考察的几十种"千秋万岁"瓦中，只有个别瓦当中央圆饼周饰联珠。总的来说，这类瓦当西汉中期使用更多些。另外，还有少量"千秋"瓦当（图 232）、"万岁"瓦当，当时在西汉宫殿上交替组合使用的。但《尊古斋瓦当文字》著录的"千秋"瓦当，瓦文拙劣，无复真品匀整雍容之姿，十分别扭，但瓦当本身是真的，是将一块西汉常见的云纹瓦当（图 233）的中心云纹及瓦心铲去，再堆造文字，然后涂上黄泥。如此，销售时，买家一看，瓦当的大致模样和背部制作、残渤特征皆为古瓦无疑，所以极易上当。此类伎俩如今在西安古玩市场上的假瓦当中还是十分常见。

"佐弋"瓦当（图 234），伪。

"佐弋"瓦当真品直径一般 13 厘米左右，西安汉城遗址出土，为汉文字瓦中直径最小的一类。为西汉景

图 231 "千秋"瓦当（伪）

图 232 "千秋"瓦当（真）

图 233 西汉云纹瓦当（真）

帝至武帝太初元年前之物。可视为瓦当断代的珍贵标准器。《尊古斋瓦当文字》
著录有"佐弋"瓦当真品（图 235），但也收录了这件伪品。汉瓦文字为求匀整，
一般注意大的字画距离基本接近，显得匀整、安妥，而伪品书写功力不及，常常
捉襟见肘，呈现失控状态。另外，汉瓦文字之妙，往往在于方圆相济，刚柔并用，
顾盼有情。如真品"佐弋"，"佐"工部上提，以与较为空疏的"弋"字呼应。"弋"
字右上点，方而不僵，圆而不弱，伪品风貌与真品相差何止万里。

　　"右将"瓦当（图 236），伪。

　　"右将"为右中郎将之省称，主宿卫事。汉长安城出土有"右将"瓦当（图
237）。伪品"将"字右上月部、左侧两点特别是第二点，皆不到位，寸部点也错

图 234　"佐弋"瓦当（伪）

图 235　"佐弋"瓦当（真）

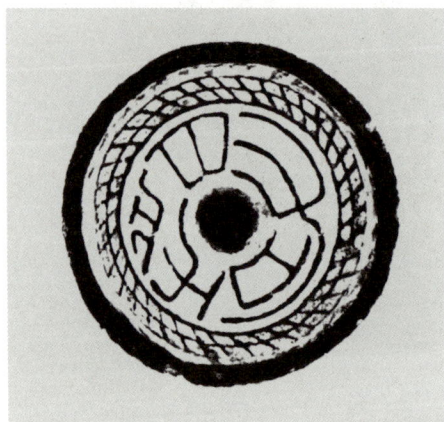

图 236　"右将"瓦当（伪）

图 237　"右将"瓦当（真）

图 238 "官"字瓦当（疑伪）

图 239 "宫"字瓦当（真）

图 240 "安世"瓦当（伪）

图 241 "安世"瓦当（真）

误地突破至右边，显然作伪者不明篆书写法。故必伪无疑。

"官"字瓦当（图 238），疑伪。

汉瓦文字以方为主，间参以圆，多呈曲劲风姿。此瓦"官"字缺少汉瓦文字方拙、质朴风神，特检西汉"宫"字瓦当真品（图 239）以为对比。

"安世"瓦当（图 240），伪。

此瓦当"安"字女部篆法错误，对比《尊古斋瓦当文字》著录的另一品"安世"瓦当真品（图 241），其拙劣可知。

"维天降灵，延元万年，天下康宁"瓦当（图 242），伪。

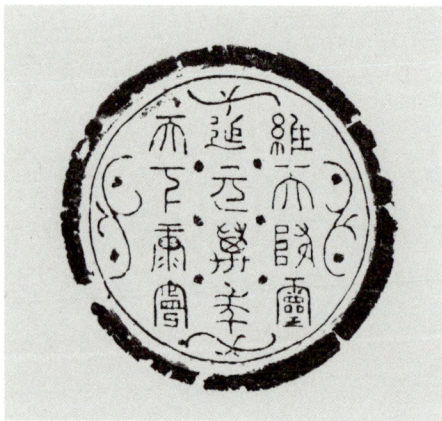

图242 "维天降灵,延元万年,天下康宁"瓦当(伪)

图243 "维天降灵,延元万年,天下康宁"瓦当(真)

　　此瓦直径一般在 15.8 ~ 16.5 厘米。因为它是瓦当之中字数较多的一种,又十分稀少,故自来极受金石学家重视。乃西汉武库用瓦（图243）。伪瓦"维""降""延""元""万"皆为错字,文治武功的汉武帝在自己武库上的瓦当 12 字错了三分之一,这是绝无可能的。

　　黄浚编辑《尊古斋瓦当文字》的 20 世纪 30 时代正是中国传统金石学向现代考古学转化的时期,考古学的触角几乎还没有触及秦汉瓦当,故黄浚误收些许伪品是不足为奇的。当然他毕竟是一名古董商,以伪瓦制拓混合于大量真瓦拓本中出售也是有可能的。但是无论如何,今天我们使用旧时金石学家的拓本,辨伪工作是必不可少的。

　　总之,古代瓦当的鉴定,是一项十分复杂、综合性很强的工作,不仅需要对瓦当本身的源流及演变规律有所了解,掌握各类瓦当在制法、陶色、陶质、形制、纹饰、文字以及当面布局诸方面在不同的时期、不同地区的发展变化规律,而且还需要重视瓦当的出土地层及与之相关的文化遗存,分析瓦当文字所反映内容的历史背景。此外,了解瓦当的作伪方法,对于古代瓦当的鉴定同样也很重要。瓦当鉴定工作同其他文物鉴定工作一样,实践性都很强,要多看、多实践,同时还需要不断总结积累经验,既知真,又识假,时间一长,见得多了,想得多了,自然会见微知著,成为瓦当鉴定的行家里手。

　　要想收藏古代瓦当,不仅需要能辨真伪,识优劣,而且还需要对瓦价有所了解,也就是人们常说的"了解行情"。

关于瓦当的价格，钱献之《汉瓦图录》（传抄稿本，刘军山所藏）所记"长生无极""与天无极"之类，当时每瓦多达白银八两或十两，足见乾隆时瓦价之昂。张叔未《清仪阁古器物文》所记"长生无极""上林"等瓦价，多则二三两，少则数百钱，与钱献之所记颇有所不同。听西安老古董商人讲，光绪初年吴清卿在秦地搜瓦之时，通常之品，每品银一二两，特殊之品，至多二三十两。到光绪末年，端方在秦地大肆收集，精湛之品往往高昂至五十两。民国初年，北京、西安人士争竞收买，瓦价不减端氏在秦地之时。1940年，有弄瓦之癖的秦汉史专家陈直负笈来陕，当时的瓦价虽已跌落，每品要到二至三元，高者可达三十元，与光绪初相当。

20世纪90年代初，西安文艺南路旧货市场瓦当颇多，"长生未央"等一些常见文字瓦当每品也在一二十元之间。二三年后，旧货市场迁至八仙庵，普通文字瓦已升至四五十元。如今，就连最常见的"长生无极"瓦当，每品也要2000～4000元。"延年益寿""千秋万岁"等稍少之瓦则在万元左右。秦动物纹瓦当每品至少数千元，精绝之品早已突破万元大关。

由于真瓦有限，瓦当的拓片也受到人们的重视，其价格也极为可观。现在西安一般每张瓦拓100元左右，精美者更贵。日本权威的书道杂志《墨》1995年11月、12月瓦当专集刊登的瓦当拓片广告，四种汉吉语朱拓片瓦当条屏（"长生未央""长生无极""长乐未央""千秋万岁"）价格达12000日元。至于早期或经过名人收藏的瓦拓更是价格不菲。如嘉德北京1996春季拍卖会古籍善本专场，一册30开清末民国初古砖瓦集拓（有"亿年无疆""长生无极"等瓦当）以1.5万元人民币成交。瓦当专家陈直辑民国初年《新出汉瓦拓选》在1996嘉德秋季大拍中更以1.98万元人民币落槌。

后 记

古人讲"道在瓦甓"，今人讲"一滴水可以折射太阳的光辉"。

瓦当过去是文人雅士把玩的古物，而且皆限于战国秦汉瓦当。近代考古学已找到了瓦当艺术的源头，对东汉以后的瓦当演变也积累了一些资料。如何拂去历史的尘埃，使瓦当艺术为更多的人所了解，这是我们年轻一代考古工作者不可推卸的责任。

在瓦当的把玩研究中，秦王在雍城（早期秦都）外射虎的英姿、咸阳宫荆轲刺秦王的匕首的寒光、汉武帝"四夷咸服"的文韬武略、唐大明宫"霓裳羽衣曲"的温软香艳，都那样真切地浮现在我们的脑海中，一向悠远、晦暗、冰冷的历史竟变得那样鲜活，那样触手可及。

写作中，我们查阅了大量文献，手抚观察了大量瓦当实物。对古代金石学家痴迷于传统文化以及近五十年来考古工作者在艰苦条件下在古代瓦当方面孜孜不倦的研究精神，我们深表敬意。这本书多吸纳了他们的智慧与成果，由于体例限制，不能一一注明。

本书在写作中得到常青学长的支持，也得到同有弄瓦之好的赵力光、赵熊、魏杰、任军宜等先生的关心，在此谨表示衷心的感谢。

陈根远于西安碑林

2021 年 5 月

作者简介

　　陈根远　1965年出生于秦朝故都咸阳，1988年毕业于山东大学考古专业，现为西安碑林博物馆研究员。主要从事瓦当、玺印、碑版、铜镜、瓷器等文物艺术研究与鉴定。著有《瓦当留真》《中国碑帖真伪鉴别》《陈根远说印章》等图书30种以及《〈尊古斋瓦当文字〉辨伪》《泱茫无垠——寻绎汉瓦文字之美》《秦瓦当的种类与断代》等学术论文60余篇。

　　现任终南印社副社长、西泠印社社员、西安市文物认定专家委员会委员、陕西省收藏家协会古籍碑帖专业委员会副主任。

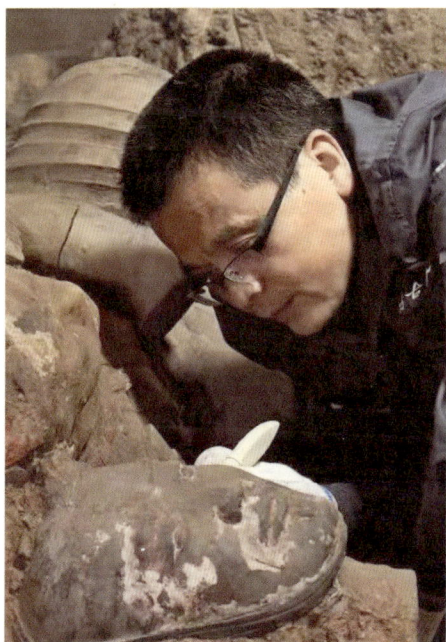

作者简介

　　朱思红　陕西蒲城人，毕业于西北大学考古学专业，获郑州大学历史学博士学位，秦始皇帝陵博物院研究馆员。长期从事秦始皇陵考古、文化遗产保护和相关文物研究，曾主持兵马俑二号坑、秦始皇陵园建筑遗址、秦始皇陵园从葬墓等发掘。主持"秦始皇陵园范围与规划保护范围研究"和"秦始皇陵及其周边地区的保护规划研究"等3个省部级项目。已发表《世界文化遗产——秦始皇陵的保护》和《秦始皇陵园范围新探索》等70多篇论文。